GW01606764

COLLECTION FOLIO

James Baldwin

La prochaine fois, le feu

Traduit de l'américain par Michel Sciama

Préface inédite de Christiane Taubira

Gallimard

Titre original :
THE FIRE NEXT TIME

Copyright renewed.
This translation published by arrangement with the James Baldwin Estate.

© James Baldwin, 1962, 1963.
All rights reserved including the right of reproduction in whole or part in any form.

© Éditions Gallimard, 1963, pour la traduction française, et 2018, pour la présente édition.

James Baldwin est né en 1924 dans le quartier de Harlem à New York. Poussé par la misère, il quitte Harlem dans les années quarante et travaille comme ouvrier, puis plongeur et aide de cuisine.

En 1948, il décide de s'installer à Paris où il retrouve d'autres Américains expatriés. Ayant achevé son premier roman, *Les élus du Seigneur*, il repart à New York en 1952 pour essayer de se faire publier. Il écrit une pièce de théâtre, *Le coin des « Amen »*, qui ne sera jouée que dix ans plus tard. Peu à peu, il se révèle comme le porte-parole du mouvement intégrationniste. Il revient à Paris, puis s'installe à Saint-Paul-de-Vence où il meurt le 30 novembre 1987.

Ses romans (*Giovanni, mon ami* ; *Un autre pays* ; *L'Homme qui meurt*), ses nouvelles (*Face à l'homme blanc*) et ses essais (*Personne ne sait son nom* ; *La prochaine fois, le feu* ; *Nous, les Nègres* ; *Le racisme en question*) l'ont fait connaître, et il est considéré comme l'un des plus grands écrivains américains de sa génération.

PRÉFACE

Vous tenez dans vos mains une pépite.

Et croyez-moi nous ferions bien de prendre à la lettre ce titre rugueux.

Non que la menace qu'il contient soit de nature à nous faire trembler. Nous sommes une génération blasée. Notre monde inégalitaire se donne à voir, sans pudibonderie. Il est injuste et le montre. Il est violent et l'assume. Il est parfois honni et s'en rit.

Il est vrai que, sur un autre versant, il distribue richesses, prébendes, quelques facilités et même une impression de liberté et une illusion de bonheur.

Reprenons. Afin de nuancer ce premier effet manichéen. Nous n'entrons pas ici dans un univers de bons et de méchants, de force et d'impuissance. Justement, James Baldwin propose d'en sortir. Il y a plus de subtilité dans chacune de ces pages que de lucidité cumulée dans l'addition des gouvernements qui se sont succédé depuis la première édition de cet ouvrage.

Mais commençons par le commencement.

Ce livre contient deux textes. Le premier est une lettre adressée à son neveu à l'occasion du centenaire de l'Émancipation, cette fameuse Déclaration officielle survenue par décrets de Lincoln en 1863, deux ans avant la fin de la guerre de Sécession et l'inscription dans la loi de l'abolition de l'esclavage. Cette lettre porte un exergue : « Et mon cachot trembla... » Comme souvent chez Baldwin, les Écritures saintes ou des prêches célèbres fournissent, par détournement, le sens de son propos ou les termes de sa semonce. De préférence, il choisit des citations qui ont passé le crible d'une appropriation collective par les anciens esclaves, à travers un spiritual song *par exemple, ou d'une reprise par un esprit fort, Nat Turner ou un autre éminent prêcheur.*

Cette lettre est brève. Elle en est d'autant plus percutante. « Tu es né dans une société qui affirmait avec une précision brutale et de toutes les façons possibles que tu étais une quantité humaine absolument négligeable. On n'attendait pas de toi que tu aspires à l'excel-

lence. On attendait de toi que tu pactises avec la médiocrité. » Nous aussi, nous pourrions écrire une telle lettre à un neveu, si de proche ou lointaine ascendance il vient, avant même d'être né, de l'ancien empire colonial. Ce neveu à qui d'aucuns demandent avec insistance, et sans forcément de malveillance, « tu viens d'où ? oui mais avant, tu es né où ? ah ! mais avant ça, toi, ta famille, ça vient d'où ? ». C'est l'expérience qu'a faite Baldwin lui-même, aux États-Unis. Toujours alien, ou immigré d'une énième génération. Dans notre lettre à ce neveu s'éveillant à la vie, nous ajouterions à cette spéculation sur la médiocrité celle de consentir au paternalisme comme il sied aux êtres inachevés, de correspondre aux clichés afin de susciter la compassion, ou encore de céder à l'assimilation, l'aliénation étant tout près avec son inévitable cortège de frustrations et d'incapacités que Frantz Fanon a décrites mieux que jamais elles ne le furent. Si nous écrivions une telle lettre, saurions-nous le faire avec autant de tendresse et, tout bien considéré, une telle sérénité ? Quant à celle que nous pourrions écrire à une nièce... Et comme à Baldwin, il nous serait rétorqué : « Vous exagérez ! » Ah bon ! Mais alors, « Bamboula, ça reste convenable » lors d'un contrôle d'identité, selon un porte-parole d'un syndicat *de police*[1]*... Un tel aveu public illustre presque à outrance ce que Baldwin appelle l'innocence de ceux qui se sont inventé une histoire pour se prétendre supérieurs. Innocence, ignorance, indifférence, inconscience... Césaire déjà demandait « Pitié pour nos vainqueurs omniscients et naïfs ».*

En quoi Baldwin nous est-il contemporain ? En quoi fut-il capable de regarder droit dans les yeux de son siècle-fauve, pour reprendre ce vers d'Ossip Mandelstam ? Que sut-il déchiffrer de son époque qui allait déterminer la viabilité du monde auquel il appartenait ? Ce livre nous instruit de ce qu'il a compris d'essentiel, à savoir que le corpus de préjugés entretenu par le pouvoir « blanc » n'est ni une œuvre simplement cynique ni une démonstration de force, mais un stratagème aux effets d'asseoir une domination politique et financière conférant légitimité à des règles par lesquelles sont gouvernés ceux qui, en aucune façon, ne sont en situation de participer à l'élaboration de ces règles.

1. Allusion aux propos tenus par le représentant du syndicat Unité SGP lors de l'émission *C dans l'air* du 9 février 2017, consacrée au thème « Aulnay : le débat police-citoyens relancé ».

Baldwin va au point de fracture. Il annonce la possible rupture, préjudiciable à tous, dominants et exclus. Il sait la domination fondée sur un mensonge auquel la majorité des citoyens adhère de bonne foi. Il faut d'abord découdre ce mensonge afin de créer la possibilité d'une société ancrée sur ces principes et valeurs d'égalité bruyamment proclamés, si peu appliqués mais fiévreusement convoqués chaque fois qu'une parole, un acte, une intention assumés s'érigent délibérément en défi à cet ordre établi sur le désordre d'une inégalité institutionnellement organisée. Encore structurellement aux États-Unis, incidemment en France, mais toujours activement dans les deux pays, des institutions participent à l'exclusion et la marginalisation, écrêtent des trajectoires de jeunes relégués dans des banlieues délaissées, des centres-villes négligés, des villages abandonnés. En osant ainsi scruter les obscurités de son époque, non seulement dans leurs manifestations mais dans leurs ressorts, Baldwin nous est contemporain en ce qu'il nous divulgue d'où le chaos tient son amorce. En cela, sa pensée est actuelle, utile et fertile.

Baldwin nous est contemporain. Par sa personne lorsqu'il dénie à tout autre que lui l'autorité de définir son identité. Par son parcours, ses chemins de traverse, ses feintes et ses astuces de survie, car il faut ne pas périr. Par ses combats à la croisée de plusieurs appartenances, ethno-culturelle, sociale, sexuelle. Par sa capacité à rendre intelligible ce qui semble mécanique mais participe d'un dessein. Il pense son individualité et l'inscrit dans une dynamique sociale, sans méconnaître les malheurs qu'il faut prévenir et entraver, car la négation aveugle des droits et de la citoyenneté de milliers, de centaines de milliers, de millions de personnes, désignées par un attribut visible ou quelque préconception, ne saurait demeurer infiniment impunie. Il faut enrayer l'avènement de ces malheurs.

Baldwin, c'est une vie de combat et une parole crédible. Cette vie et cette parole irriguent aussi bien l'affectueuse sommation épistolaire adressée à son neveu que l'essai fourbu de subjectivité qui la suit.

Ce deuxième texte, « Au pied de la Croix », est sous-titré « Lettre d'une région de mon esprit ». On y retrouve une récurrence qui, sans être obsessionnelle, est présente chez plusieurs auteurs africains-américains, de Richard Wright à Maya Angelou, de Countee Cullen à Ta-Nehisi Coates, et chez Baldwin lui-même, ici dans La prochaine fois, le feu, *mais également dans* La conversion *ou dans* Chassés de la lumière. *La récurrence, c'est cette chose, ce mur, cette ombre qui se campe, se fige, et produit cette révélation fulgurante qu'il n'existe « aucun moyen de chasser ce nuage placé entre eux et le soleil, entre eux et l'amour et la vie et la force... ». Wright en fit un poème sublime, « Between the World and Me ». Il provient de cette révélation une « irrépressible et soudaine note de peur » dans la voix des parents, une note si différente des peurs ordinaires de la vie quotidienne. Où pouvait bien se nicher le salut ? L'armée ? La permanence et l'exacerbation du racisme ainsi que les violences qui l'ont toujours accompagné invalidèrent cette option, les Buffalo Soldiers, les Harlem Hellfighters et même W. E. B. Du Bois, qui y crut, en savent l'inanité. L'Église ? Baldwin tenta cette voie, ou plutôt s'y retrouva par itinéraire autant que par choix. Il en revint.*

En ces temps de retour fracassant des religieux, de belligérance exaltée au nom d'un dieu d'intolérance, les leçons de son aventure ecclésiastique conservent toute leur pertinence. Malgré une peinture critique qui met à nu les dogmes comme source des rapports de duplicité et de violence prévalant dans les relations intra-familiales et intra-communautaires, critique qui nous parvient avec une résonance particulière, Baldwin ne récuse ni la spiritualité, ni la croyance, ni la pratique. Mais il dépeint sans fard la nature réelle de cette industrie de l'espérance qui n'est qu'une œuvre humaine, avec son commerce de la crédulité, ses ruses hiérarchiques, son oligarchie cupide, ses rapports de pouvoir…

Et pourtant, il nous parle d'amour ! « Si nous ne nous étions pas aimés, aucun d'entre nous n'aurait survécu », assure-t-il à son neveu. Il ne s'agit ni de l'amour de la chair livrée au désespoir sur l'avenue, ni de cette promiscuité de la copulation honteuse, hâtive et triste dans les halls d'immeuble, ni même de l'amour doux mais contrarié de celles et ceux qui cherchent dans le repli et la proximité un simulacre de sécurité. Il s'agit d'aimer l'autre suffisamment pour pouvoir s'aimer, et de s'aimer assez pour aimer l'autre au-delà des comportements.

Et pour ce qui vient de cette région de son esprit, il précise qu'il « emploie le mot amour non pas seulement au sens personnel, mais dans celui d'une manière d'être ou d'un état de grâce, non pas dans l'infantile sens américain d'être rendu heureux mais dans l'austère sens universel de quête, d'audace, de progrès ».

Aimer. Que l'on ne s'y trompe pas. Il n'y a là aucune candeur. Au contraire, c'est au filtre d'une clairvoyance implacable qu'il profère cette injonction. Rien de son époque ni des temps en gésine ne lui échappe. Pêle-mêle, il a compris dès 1963 que nous autres humains avons le pouvoir de nous exterminer ; il sait que la diffusion des Évangiles fut indispensable à la conquête, et cela vaut encore pour les religions monothéistes qui ont tendance à prendre les livres sacrés pour des cadastres ; il avoue avoir été saisi de frayeur par l'indifférence du monde au sort des Juifs victimes de l'Holocauste ; il a perçu que le « reste de l'humanité », gens ordinaires vaquant à leurs occupations quotidiennes, ne se laisse bouleverser ni par la raison civilisée ni par l'amour chrétien pour s'opposer à l'oppression d'autrui, quel qu'en soit le prétexte : couleur de peau, religion, affinités ou toute singularité…

Il ne s'agit pas de l'amour facile, celui qui se suffit d'émois et se repaît de chasteté. Il s'agit d'un amour qui s'arrache à l'humiliation réitérée, s'extrait de l'épreuve atroce du rejet permanent. Cet amour s'avère la seule issue possible pour échapper à cette espèce si particulière de peur qui peut être vaincue par ce qui ne se transmet pas autrement, ce « quelque chose quant à soi-même et quant à la vie ».

Ce « destin » de parias, répété de génération en génération, imprègne celles et ceux qui y sont exposés d'une conscience d'existence, de vulnérabilité et d'invincibilité. De ces sentiments étranges et contradictoires surgit la dévastation ou une résilience faramineuse. Ainsi, là-bas des petites filles et des petits garçons sont capables d'aller à l'école sous la huée d'adultes déchaînés, ici des garçons et des filles s'obstinent à se projeter dans des métiers et des destinées que tout les invite à croire hors de leur portée. Ces enfants, ces adultes, Baldwin les appelle des « aristocrates paradoxaux ». Loués soient nos aristocrates paradoxaux.

Où et comment pouvons-nous finalement faire société commune ? Car telle est bien la question. Quoique utilisant un vocabulaire « racial », Baldwin professe que la race est une invention qui ne sert qu'à leurrer et désorienter. Dans leur ouvrage Racecraft, Barbara J. Fields et Karen E. Fields expliquent que le racisme est un fait, la race un simple concept, mais que le piège consiste à donner consistance à ce concept par l'usage fréquent de l'adjectif racial, y compris pour qualifier des situations sociales. L'impasse détectée, il reste à veiller à ne pas s'y engouffrer.

On a souvent dit que Baldwin était intégrationniste. S'il l'est, ce n'est pas par un appel à contorsions pour « mériter » d'accéder à cette société qui porte les scories de la discrimination, mais par l'effort, de la part des opprimés, *d'accepter de construire une société d'égalité et de justice, sans se perdre dans la rancœur ou la revanche.*

En réalité, la pensée de Baldwin est une pensée radicale, au sens où elle va jusqu'au bout d'elle-même. Il y a dans ce livre des pages éblouissantes, qui vous coupent la vue. Tous nos autres sens sont mis en éveil et l'enjeu n'en devient que plus clair.

Voilà pourquoi, malgré notre besoin de légèreté, nous devons prendre à la lettre l'avertissement contenu dans le titre.

CHRISTIANE TAUBIRA

Et mon cachot trembla...

Lettre à mon neveu
à l'occasion du centenaire
de l'Émancipation

Mon cher James,

Voilà cinq fois que je commence cette lettre et cinq fois que je la déchire. Constamment je vois ton visage, qui est aussi le visage de ton père, mon frère. Comme lui tu es coriace, sombre, vulnérable, ombrageux, avec ce qui pourrait très bien passer pour un côté querelleur parce que pour rien au monde tu ne voudrais pouvoir être pris pour un lâche. Peut-être en ceci ressembles-tu à ton grand-père, je n'en sais rien, mais une chose est certaine : c'est que ton père et toi-même lui ressemblez beaucoup physiquement. Quoi qu'il en soit... il est mort, ne vous a jamais connus, et sa vie a été misérable. Il avait perdu la partie, longtemps avant de mourir, parce que, au fond de son cœur, il croyait vraiment ce que les Blancs disaient de lui. C'est en partie à cause de cela qu'il devint un tel saint. Ton père t'a certainement parlé de tout cela. Ni toi ni ton père ne manifestez de fortes tendances à la sainteté. Vous appartenez véritablement à une autre époque, êtes un produit de cette migration des Noirs vers ce que feu E. Franklin Frazier appelait les « cités de destruction ». Tu ne seras détruit que le jour où tu croiras vraiment être ce que les Blancs appellent un « nigger ». Cela je te le dis parce que je t'aime et, s'il te plaît, ne l'oublie jamais.

Je vous ai connus tous les deux depuis votre naissance, j'ai porté ton père dans mes bras et sur mes épaules, l'ai embrassé, lui ai donné des fessées, l'ai vu faire ses premiers pas. Je ne sais pas si tu as jamais connu quelqu'un de cette façon. A aimer quelqu'un pendant aussi longtemps, d'abord le nourrisson en lui, puis l'enfant en lui, puis l'homme en lui, on acquiert une notion particulière du temps, de la peine et de la misère des hommes. Les autres ne peuvent pas voir ce que je vois quand j'observe le visage de ton père, car derrière le visage qu'il a maintenant sont tous ces autres visages qui furent les siens. Qu'il rie et je vois une cave dont ton père ne se souvient pas et une maison dont il ne se souvient pas, et j'entends dans son rire d'aujourd'hui son rire d'enfant. Qu'il pousse un juron et je me rappelle le jour où il est tombé dans l'escalier de la cave, et les hurlements qu'il poussait, et je me rappelle, douloureusement, ses larmes que ma main ou celle de ta grand-mère séchaient si facilement. Mais aucune main ne peut sécher les larmes invisibles qu'il verse aujourd'hui et qu'on entend quand il rit, quand il parle, quand il chante. Je sais ce que le monde a fait à mon frère et combien peu s'en est fallu qu'il en meure. Et je sais, ce qui est bien pire encore — et c'est là le crime dont j'accuse mon pays et mes concitoyens et pour lequel ni moi-même, ni le temps, ni l'histoire ne leur pardonneront jamais, — je sais qu'ils ont détruit et détruisent des centaines de milliers de vies, et qu'ils l'ignorent et veulent l'ignorer. Il est possible, il est même souhaitable d'acquérir une attitude froide et résignée vis-à-vis de la destruction et de la mort, car c'est en ce domaine que la plupart des hommes ont fait preuve des plus grands talents tout au long de ce que nous connaissons de l'histoire. (Mais, et ne l'oublie pas, « la plupart des hommes » ne signifie pas tous les hommes.) Mais ce qui n'est pas admissible, c'est que les responsables de tels ravages soient aussi innocents. C'est leur innocence qui constitue leur crime.

Eh bien, mon cher filleul, c'est à cause de ces gens innocents et pleins de bonnes intentions, tes compatriotes, que tu es né dans des conditions guère différentes de celles que Charles Dickens nous a décrites comme typiques du Londres d'il y a plus d'un siècle. (J'entends le chœur des innocents parler : « Non, ce n'est pas vrai, vous êtes par trop amer. » — Mais c'est à toi que j'écris cette lettre pour que tu saches mieux comment te conduire à leur égard, car la plupart ne sont pas véritablement conscients de ton existence. Je sais, moi, les conditions dans lesquelles tu es né — j'étais là. Tes compatriotes n'étaient pas là et ne sont toujours pas là. Ta grand-mère aussi était là et personne ne l'a jamais accusée d'excès d'amertume. Je conseillerais aux innocents de s'adresser à elle. Ils n'auront aucun mal à la trouver. Tes compatriotes ne savent pas non plus qu'elle existe, bien qu'elle ait passé sa vie à travailler pour eux.)

En tout cas tu es né, tu es arrivé parmi nous, il y a un peu plus de quinze ans. Et, bien que ton père, ta mère et ta grand-mère, en regardant autour d'eux dans les rues par lesquelles ils te portaient, en regardant les façades des maisons dans lesquelles ils t'emmenaient, auraient eu toutes les raisons d'avoir gros cœur, il n'en était rien. Car tu étais là, Big James, ainsi nommé à cause de moi — tu étais un gros bébé, ce que je ne fus jamais, et tu étais là : pour être aimé. Pour être aimé, tendrement, tout de suite et à jamais, pour te fortifier contre ce monde sans amour. Souviens-toi de cela. Je sais combien tout paraît sombre aujourd'hui, pour toi. Tout paraissait sinistre ce jour-là aussi, nous tremblions. Et nous n'avons toujours pas cessé de trembler. Mais si nous ne nous étions pas aimés, aucun d'entre nous n'aurait survécu. Et maintenant il faut que tu survives parce que nous t'aimons, et aussi à cause de tes enfants et des enfants de tes enfants.

Cette nation innocente t'a relégué dans un ghetto au fond duquel elle comptait, en fait, te voir périr. Il me faut ici énoncer précisément ce que j'entends par là, car nous arrivons au fond du problème, aux racines de ma querelle avec mon pays.

Tu es né là où tu es né et as été confronté avec l'ennemi avec lequel tu as été confronté parce que tu étais noir et *pour cette seule raison*. Ainsi avait-on fixé, et à jamais pensait-on, des bornes à ton ambition. Tu étais né dans une société qui affirmait avec une précision brutale et de toutes les façons possibles que tu étais une quantité humaine absolument négligeable. On n'attendait pas de toi que tu aspires à l'excellence. On attendait de toi que tu pactises avec la médiocrité.

Partout où tu t'es tourné, adressé, James, pendant le peu de temps que tu as déjà passé sur cette terre tu t'es fait dire où tu pouvais aller, ce que tu pouvais faire (et *comment* tu pouvais le faire) et où tu pouvais habiter et qui tu pouvais épouser. Je sais que tes compatriotes ne sont pas d'accord avec moi à ce sujet et je les entends déjà dire : « Vous exagérez. » Ils ne connaissent pas Harlem — moi je le connais — et toi aussi. Ne prends la parole de personne pour argent comptant, la mienne non plus — mais fie-toi à ton expérience. Sache d'où tu viens. Si tu sais d'où tu viens, il n'y a pas de limite à là où tu peux aller. Les détails et symboles de ta vie ont été construits selon un plan délibéré, destiné à t'amener à croire ce que les Blancs disent de toi. Tâche, s'il te plaît, de te souvenir que ce qu'ils croient, de même que ce qu'ils font et t'obligent à supporter ne porte pas témoignage de ton infériorité mais de leur cruauté et de leur peur. Tâche de discerner, mon cher James, à travers cette tempête qui fait aujourd'hui rage autour de ta jeune tête, la réalité qui se dissimule derrière ces mots *acceptation* et *intégration*. Tu n'as aucune raison de t'efforcer de ressembler aux Blancs comme est absolument sans fondement leur impertinente conviction qu'il est de leur devoir de t'accepter. Ce qu'il y a de vraiment terrible, mon vieux frère, c'est qu'il est de ton devoir à toi de les accepter. Et je parle très sérieusement quand je dis cela. Il est de ton devoir de les accepter et de les accepter avec amour. Car c'est là le dernier espoir de ces innocents. Ils restent, en fait, pris au piège dans une histoire qu'ils ne comprennent pas. Et jusqu'à ce qu'ils l'aient comprise, ils ne pourront se dégager. Il leur a fallu croire pendant de longues années et pour d'innombrables raisons que les Noirs étaient inférieurs aux Blancs. Beaucoup d'entre eux, à la vérité, savent qu'il n'en est rien, mais, comme tu auras l'occasion de t'en rendre compte, les hommes trouvent bien difficile d'agir selon leurs convictions. Agir c'est s'engager et s'engager c'est prendre des risques. Dans le cas particulier, le risque, aux yeux de la plupart des Américains blancs, c'est la perte de leur identité. Essaie d'imaginer tes réactions si tu t'éveillais un matin pour trouver le soleil brillant de tout son éclat au milieu d'un scintillement d'étoiles. Tu aurais peur parce que ceci serait contraire à l'ordre de la Nature. Tout bouleversement dans l'univers nous effraye parce qu'il attaque si profondément notre sens de notre réalité propre. Eh bien, dans le monde des Blancs, le Noir a rempli la fonction d'une étoile fixe, d'un pilier immobile. Il abandonne sa place et le ciel et la terre en tremblent jusque dans leurs fondations. Toi, n'aie pas peur. J'ai dit qu'on voulait te laisser périr dans ton ghetto, périr de ne jamais avoir la possibilité de percer à jour les classifications des Blancs, de ne jamais avoir l'occasion de montrer qui tu étais vraiment. Tu as, comme beaucoup d'entre nous, déjoué ces intentions. Et par une loi terrible, un terrible paradoxe, ces innocents qui croyaient assurer leur sécurité en t'emprisonnant voient le réel leur échapper. Mais ces hommes sont tes frères, des cadets égarés.

Et si le mot intégration a le moindre sens c'est celui-ci : Nous, à force d'amour, obligerons nos frères à se voir tels qu'ils sont, à cesser de fuir la réalité et à commencer à la changer. Car tu es ici chez toi, mon ami, ne t'en laisse pas chasser. De grands hommes ont accompli ici de grandes choses et en accompliront encore, et nous pourrons faire de l'Amérique ce que l'Amérique doit devenir. Ce sera dur, James, mais tu es issu d'une race de paysans solides, d'hommes qui cueillaient le coton, barraient les fleuves, construisaient des chemins de fer et, alors que tout semblait les en défier, se sont acquis une dignité inattaquable, monumentale. Tu proviens d'une longue lignée de grands poètes, dont certains sont parmi les plus grands depuis Homère. L'un d'entre eux a écrit :

Au moment même où je me crus perdu
Mon cachot trembla, mes chaînes tombèrent.

Tu sais et je sais que cette Nation célèbre cent années de liberté cent années trop tôt. Nous ne serons libres que le jour où les autres le seront. Dieu te bénisse, James, et te protège.

Ton oncle
James.

Au pied de la Croix

Lettre d'une région de mon esprit

L'été de mes quatorze ans je passai par une crise religieuse prolongée. J'emploie le mot « religieux » dans son sens ordinaire, impropre, voulant dire par là que je découvris alors Dieu, ses saints, ses anges et les ardeurs de son enfer. Étant né dans une nation chrétienne, j'acceptai cette divinité comme l'unique. Je supposai qu'Il n'existait qu'entre les murs d'une église — c'est-à-dire de la nôtre — et je supposai également que Dieu et sécurité étaient synonymes. Le mot « sécurité » nous amène au véritable sens du mot « religieux » tel que nous l'employons. Donc pour m'exprimer d'une autre façon, plus exacte, je commençai, pendant ma quatorzième année, et pour la première fois de ma vie, à avoir peur, peur du mal qui était en moi et autour de moi. Je ne vis pendant cet été à Harlem que ce que j'avais toujours vu; rien n'avait changé. Mais maintenant, sans que j'en aie été autrement prévenu, les prostituées, les souteneurs et les racketeers de l'Avenue me menaçaient personnellement. Auparavant il ne m'était jamais venu à l'idée que je pouvais devenir l'un d'entre eux, mais maintenant je me rendais compte que nous étions le produit de conditions identiques. Beaucoup de mes camarades prenaient manifestement le chemin de l'Avenue, et à entendre mon père je prenais ce chemin-là moi aussi.

Mes amis commencèrent à boire et à fumer, et avec enthousiasme d'abord, puis dans les pleurs et les grincements de dents, partirent à la découverte de la chair. Des jeunes filles, à peine plus âgées que moi, qui chantaient dans la chorale de l'église ou enseignaient à l'École du Dimanche, et dont les parents étaient de saintes personnes, subirent sous mes yeux une incroyable métamorphose dont l'aspect le plus effrayant n'était pas le gonflement de leur poitrine ou l'arrondissement de leurs hanches, mais quelque chose de plus profond et de plus subtil dans leur regard, la chaleur qui émanait d'elles, leur odeur et l'inflexion de leur voix. Comme les inconnues de l'Avenue, elles devenaient, en un clin d'œil, indiciblement différentes et fantastiquement présentes. Étant donné l'éducation que j'avais reçue, le brutal malaise que tout cela provoqua en moi et le fait que je n'avais aucune idée de ce qui était susceptible d'arriver à ma voix, mon cerveau ou mon corps l'instant suivant, m'amenèrent à me ranger parmi les êtres les plus dépravés de ce monde. Et les choses ne furent qu'aggravées par le fait que ces saintes jeunes filles semblaient plutôt tirer plaisir de mes errements angoissés, de ces expériences coupables, sans joie, torturées qui furent les nôtres, tout à la fois aussi mornes et glacées que les steppes russes et plus brûlantes, et de loin, que toutes les flammes de l'enfer.

Et aussi, j'étais effrayé par quelque chose de plus profond encore que ces transformations et de plus malaisément définissable. Ce quelque chose se produisait aussi bien chez les garçons que chez les filles mais, pour une raison ou pour une autre, se remarquait davantage chez les garçons. Les filles, on pouvait les voir se transformer en matrones avant même d'être devenues femmes. Elles commençaient à faire preuve d'une étrange et, à dire vrai, assez terrifiante détermination. Les manifestations de cet état de fait sont difficiles à décrire : quelque chose d'implacable dans le pincement de leurs lèvres, quelque chose de lointain (que voyaient-elles si loin ?) dans leur regard, quelque chose de nouveau et de décidé dans leur démarche, quelque chose de péremptoire dans leur voix. Le temps où elles nous aguichaient, nous, les garçons, était bien révolu ; elles nous réprimandaient sèchement : « Vous feriez mieux de penser au salut de votre âme », nous disaient-elles maintenant. Car les jeunes filles aussi voyaient ce qui se passait sur l'Avenue, savaient ce que le moindre faux pas leur coûterait, savaient qu'elles avaient besoin d'être protégées et que nous seuls étions capables de leur offrir une protection quelconque. Elles savaient qu'il leur fallait jouer le rôle d'appeaux de Dieu en sauvant les âmes des garçons pour Jésus et en emprisonnant leurs corps dans les liens du mariage. Car nous commencions alors à brûler et ainsi que l'a dit saint Paul — qui ailleurs, avec une rigueur aussi rare que frappante, s'est décrit comme « un misérable » : « Mieux vaut se marier que brûler. » Et je commençai à sentir chez les garçons un désespoir étrange, soupçonneux, effaré, comme si désormais ils prenaient leurs quartiers pour le long hiver de la vie. Je ne savais pas alors exactement à quoi je réagissais ; je me disais qu'ils se laissaient aller. De même que les filles ne manqueraient pas de devenir aussi grosses que leurs mères, de même les garçons, à n'en pas douter, ne s'élèveraient pas plus haut dans l'échelle sociale que ne l'avaient fait leurs pères. L'école commença donc à apparaître sous les couleurs d'un jeu auquel personne ne pouvait gagner et les garçons renoncèrent à y venir et cherchèrent du travail. Mon père aurait voulu me voir en faire autant. Je refusai, bien que j'eusse perdu toutes illusions quant aux avantages que je pouvais tirer de mes études : j'avais déjà rencontré trop de manœuvres titulaires d'une licence. Mes amis étaient maintenant « en ville » à « voir à voir avec l'homme » pour parler comme eux. Très vite, leur apparence, leurs vêtements, ce qu'ils faisaient même leur devint indifférent. Bientôt je les rencontrais par deux, trois ou quatre dans des entrées d'immeuble, partageant une bonbonne de vin ou une bouteille de whisky, discutant, jurant, se battant, pleurant parfois, perdus et incapables de dire ce qui les oppressait, si ce n'est qu'ils savaient que c'était « l'homme », l'homme blanc. Et il n'y avait apparemment aucun moyen au monde de chasser ce nuage, placé entre eux et le soleil, entre eux et l'amour et la vie et la force, entre eux et ce qu'ils voulaient, quoi que cela fût. Point n'était besoin d'être très malin pour se rendre compte combien peu nous étions en mesure d'améliorer notre situation. Point n'était besoin d'être maladivement sensible pour être exaspéré par les humiliations incessantes, gratuites auxquelles nous étions exposés chaque jour ouvrable, toute la journée. Les humiliations dépassaient d'ailleurs largement le cadre de notre vie professionnelle. J'avais treize ans et traversais la 5e Avenue pour me rendre à la Bibliothèque publique de la 42e Rue quand j'entendis l'agent qui réglait la circulation maugréer à mon passage : « Pourquoi donc que vous autres nègres vous ne restez pas chez vous à Harlem ? » J'avais dix ans, et je n'en paraissais certainement pas plus, quand deux agents, pour se distraire, me fouillèrent, exprimant toutes sortes de suppositions comiques (et terrifiantes) quant à mes origines et à mes prouesses sexuelles et, pour finir en beauté, m'abandonnèrent, inconscient, dans un terrain vague de Harlem. Immédiatement avant, puis pendant la Deuxième Guerre mondiale, beaucoup de mes amis cherchèrent refuge dans l'armée, qui tous les transforma, rarement à leur avantage — un grand nombre d'entre eux y connurent la déchéance, un grand nombre y moururent.

Une partie chercha refuge dans d'autres États, d'autres villes — c'est-à-dire dans d'autres ghettos. Certains essayèrent du vin, du whisky, de la drogue, et n'ont jamais cessé depuis. Quelques-uns, comme moi, cherchèrent refuge dans l'Église.

Car le salaire du péché était constamment sous nos yeux dans les taches de vin et les éclaboussures d'urine des entrées d'immeubles, dans le carillon des cloches d'ambulances, dans les cicatrices sur les visages des souteneurs et des filles, dans chaque innocent marmot venu au monde au milieu de ces dangers, dans chaque bagarre à coups de couteau ou à coups de revolver sur l'Avenue, dans l'annonce de chaque nouvelle tragédie : une cousine, mère de six enfants, soudain devenue folle, les enfants casés tant bien que mal ici et là ; une tante particulièrement coriace récompensée d'années de dur travail par une très longue et douloureuse agonie dans une ignoble et minuscule chambre ; le fils, très doué, d'un ami, qui se brûlait la cervelle ; un autre qui, devenu voleur, était jeté en prison. Ce fut un été de méditations et de découvertes inquiétantes dont celles-ci ne furent pas les pires. Le crime apparut, par exemple — pour la première fois — non pas comme *une* solution mais comme *la* solution. Il n'était pas question de nous tirer d'où nous étions par le travail et l'épargne de quelques sous. Le travail ne nous permettrait jamais d'acquérir suffisamment de ces sous et de plus la façon dont la société traitait même ceux des nôtres qui avaient le mieux réussi prouvait que pour être libre il fallait bien davantage qu'un compte en banque. Il nous fallait un outil, un levier, un moyen d'inspirer la crainte. Il était absolument évident que les policiers nous matraqueraient et nous coffreraient tant qu'ils le pourraient faire impunément et que le reste de l'humanité, mères de famille, chauffeurs de taxi, garçons d'ascenseur, plongeurs de restaurant, barmen, avocats, juges, médecins et épiciers ne renonceraient jamais, touchés par une soudaine philanthropie, à se servir de nous comme d'un moyen de sublimer leurs refoulements et leurs tendances agressives. Ni la raison civilisée ni l'amour chrétien n'amèneraient aucun de ces gens à nous traiter comme, probablement, ils souhaitaient l'être eux-mêmes; seule la crainte de se voir rendre la pareille les amènerait à le faire, ou à sembler le faire, ce qui était (et est encore) suffisant.

Il semble que la plus grande confusion règne à ce propos, mais je ne connais que peu de Noirs qui souhaitent être « acceptés » par les Blancs, sans même parler d'être aimés par eux. Les Noirs veulent simplement ne pas se faire taper dessus par les Blancs à chaque instant de leur bref passage sur cette planète. Les Blancs de notre pays auront bien assez à faire à apprendre à s'accepter et à s'aimer eux-mêmes et les uns les autres, et lorsqu'ils auront accompli cela — et ce jour n'est pas proche et n'arrivera peut-être jamais — le problème noir n'existera plus parce qu'il n'aura plus de raison d'être.

Des personnes placées dans des situations plus favorables que nous ne l'étions et ne le sommes encore à Harlem considéreront sans doute la psychologie et la conception de la nature humaine esquissées ci-dessus comme désespérées et choquantes au plus haut point. Mais ce que le Noir connaît du monde blanc ne saurait susciter en lui aucun respect pour les principes selon lesquels ce monde prétend vivre. Sa condition même prouve de façon écrasante que les Blancs ne vivent pas selon ces principes. Les domestiques noirs, depuis des générations, emportent frauduleusement différentes bricoles des maisons des Blancs, et les Blancs s'en sont toujours hautement félicités, car ceci calme en eux un vague sentiment de culpabilité et témoigne de la supériorité intrinsèque de la race blanche. La disparité entre sa situation et celle de ses employeurs ne peut manquer de faire une forte impression même sur le plus abruti et le plus servile des domestiques noirs. Les Noirs qui ne sont ni abrutis ni serviles n'ont pas le sentiment de faire quoi que ce soit de mal en volant les Blancs.

En dépit de l'équation puritano-yankee entre la vertu et le bien-être, les Noirs ont de très bonnes raisons de douter que ce soit par une très notable fidélité aux vertus chrétiennes que se font les fortunes. Ce n'était en tout cas pas, me disais-je, ce qui s'est produit pour les chrétiens de race noire. De toute façon les Blancs qui avaient volé aux Noirs leur liberté et à qui ce vol profitait à chaque instant de leur vie ne se trouvaient pas dans une position moralement très forte. Ils avaient pour eux les juges, les jurys, les fusils de chasse, la loi, en un mot le pouvoir. Mais il s'agissait d'un pouvoir criminel, qu'il convenait non pas de respecter mais de craindre et de bafouer par tous les moyens possibles. Et ces vertus prêchées mais non pratiquées par les Blancs n'étaient rien de plus qu'une autre façon de maintenir les Noirs en esclavage.

Les barrières morales que j'avais imaginées me séparer des dangers d'une carrière criminelle se révélèrent donc cet été-là comme ténues jusqu'à l'inexistence. Je ne pouvais découvrir aucune raison de principe pour ne point devenir un criminel, et la faute n'en incombait pas à mes malheureux et dévots parents, mais à la société. J'étais froidement résolu — davantage encore que je ne m'en rendais alors compte — à ne jamais accepter le ghetto mais à mourir et à aller en enfer avant que de laisser un Blanc me cracher dessus, avant que d'accepter ma « place » dans cette république. Je n'avais aucunement l'intention de laisser les habitants de race blanche de cette nation me dire qui j'étais, m'entraver ainsi et se débarrasser de moi ainsi. Et cependant, bien entendu, à cet instant précis on me crachait dessus, me définissait, décrivait et entravait et on n'aurait eu aucun mal à en finir avec moi. Chaque jeune Noir — dans la situation où je me trouvais à cette époque en tout cas — qui en arrive à ce point se rend tout à coup compte, très profondément, parce qu'il veut vivre, qu'il est terriblement menacé et qu'il faut qu'il trouve, très vite, une « chose », un truc pour se tirer de là, pour prendre son départ dans la vie, et la nature de ce truc est absolument secondaire. Cette découverte m'horrifia et, en me révélant que le chemin devant moi était rempli de chausse-trapes, contribua à me précipiter dans le sein de l'Église. Et par un paradoxe imprévisible ce fut ma carrière ecclésiastique qui précisément s'avéra être mon truc.

Car lorsque j'essayai de faire le bilan de mes capacités, je me rendis compte que je n'en avais pratiquement aucune. Pour un jour vivre comme j'entendais vivre j'avais, me semblait-il, reçu en partage les plus mauvaises cartes possibles. Pas question que je devienne boxeur — nombre d'entre nous essayaient mais bien peu y réussissaient. Je n'avais pas de voix. Je dansais mal. Bien conditionné par le monde dans lequel j'avais grandi, je n'osais pas encore considérer sérieusement l'idée de devenir écrivain. La seule autre voie qui s'ouvrait devant moi semblait impliquer que je devienne un de ces êtres ignobles qu'on rencontrait sur l'Avenue, qui au fond n'étaient pas aussi ignobles que je l'imaginais alors mais qui me faisaient horriblement peur à la fois parce que je ne voulais pas vivre comme ils vivaient et par ces sentiments qu'ils provoquaient en moi. Je prenais très facilement feu, ce dont je souffrais déjà considérablement, mais j'étais moi-même devenu une source de feu et de tentations. J'avais, hélas, été beaucoup trop bien élevé pour imaginer qu'aucune des avances très explicites dont je fus l'objet cet été-là, parfois de la part de jeunes gens et de jeunes filles mais aussi, ce qui m'inquiétait encore davantage, de la part d'hommes et de femmes adultes, pût avoir un rapport quelconque avec ma séduction personnelle. Au contraire, étant donné que la conception de la séduction qui prévaut à Harlem est, à tout le moins, franche, ce que les gens pouvaient trouver en moi ne faisait que confirmer le sentiment que j'avais de ma dépravation.

Il est certes triste que l'éveil de nos sens nous amène à porter un jugement aussi impitoyable sur nous-même, sans parler du temps et des affres nécessaires pour en arriver à un autre, mais il est également inévitable que des Noirs tels que ceux parmi lesquels je grandis s'efforcent, au pied de la lettre, de mortifier leur chair. Les Noirs de ce pays — et les Noirs, à parler strictement ou légalement, n'existent dans aucun autre —, doivent, dès le premier instant où ils ouvrent les yeux sur ce monde, apprendre à se mépriser.

Le monde est blanc et ils sont noirs. Les Blancs détiennent le pouvoir, ce qui signifie qu'ils sont supérieurs aux Noirs (c'est-à-dire intrinsèquement que Dieu en a ainsi décidé) et le monde a mille façons de leur faire voir et sentir et redouter cette différence. Bien avant que l'enfant noir ne le perçoive et plus longtemps encore avant qu'il ne la comprenne, il a commencé à en subir les effets, à être conditionné par elle. Tous les efforts que font ses aînés pour préparer l'enfant à un sort auquel ils ne peuvent le faire échapper amènent celui-ci à commencer à attendre, muet et terrifié, et sans se rendre compte de ce qu'il fait, son mystérieux et inexorable châtiment. Il doit être « sage » non pas seulement pour faire plaisir à ses parents et pas non plus seulement pour n'être point puni par eux ; derrière leur autorité s'en dresse une autre, anonyme et impersonnelle, infiniment plus difficile à satisfaire et d'une cruauté insondable. Et ceci pénètre la conscience de l'enfant à travers le ton de la voix de ses parents tandis qu'ils lui expriment leurs encouragements, leurs réprimandes, leur tendresse ; par l'irrépressible et soudaine note de peur qu'il reconnaît dans cette voix lorsqu'il s'est égaré au-delà d'une certaine limite. Il ne connaît pas cette limite et ne peut se la faire expliquer, ce qui déjà est assez effrayant, mais la peur qu'il entend dans la voix de ses parents est plus effrayante encore. La peur que je perçus dans la voix de mon père, par exemple, lorsqu'il se rendit compte que je croyais vraiment pouvoir faire toutes les mêmes choses qu'un petit garçon blanc et étais absolument décidé à le prouver, était très différente de celle que je pouvais entendre lorsque l'un de nous était malade ou était tombé dans l'escalier ou s'était aventuré trop loin de la maison.

C'était une autre peur, la peur que l'enfant, en défiant les postulats du monde des Blancs, ne se place en travers des forces de destruction.

Un enfant ne saurait, Dieu merci, concevoir à quel point, par sa nature même, le pouvoir est immense et impitoyable et l'inimaginable cruauté que les hommes manifestent à l'égard les uns des autres. Il réagit à la peur qu'il reconnaît dans la voix de ses parents parce que, à ses yeux, le monde est entre leurs mains, parce qu'ils constituent sa seule protection. J'échappai, du moins je le crus, à ce sentiment de peur que mon père fit naître en moi en me remémorant qu'il était très vieux jeu. Je tirai également orgueil du fait que j'étais déjà plus malin que lui. Échapper à la peur de quelque chose revient à s'assurer qu'un jour on sera victime de cette peur; les choses menaçantes doivent être regardées en face. Quant à être malin, cela ne suffit pas pour vivre — pas ce qui s'appelle vivre. Cet été-là, en tout cas, toutes les peurs au milieu desquelles j'avais grandi et qui étaient maintenant partie intégrante de moi-même et conditionnaient ma vision du monde se dressèrent comme un mur entre ce monde et moi-même et me poussèrent au sein de l'Église. Vu d'ici, tout ce que je fis alors paraît étrangement prémédité, bien qu'il n'en ait certes rien été. Par exemple je ne devins pas membre de la secte à laquelle appartenait mon père et de laquelle il était un prédicateur. Mon meilleur camarade d'école, qui était membre d'une autre secte, avait déjà « consacré sa vie au Seigneur » et se souciait fort du salut de mon âme (ce qui n'était point mon cas, mais toute manifestation d'intérêt de la part d'un être humain était bonne à prendre). Un samedi après-midi il me conduisit à son église. Il n'y avait pas d'office ce jour-là et seules se trouvaient là quelques femmes en prières ou occupées à des travaux de nettoyage. Mon ami m'emmena dans la pièce du fond pour y rencontrer son pasteur — une femme. Elle était là assise, souriante, dans sa robe sacerdotale. C'était une femme frappante de beauté et de dignité dans les traits de laquelle se mêlaient l'Afrique, l'Europe et l'Amérique de l'Indien peau-rouge. Elle avait peut-être alors quarante-cinq ou cinquante ans et dans notre univers jouissait d'un considérable prestige. Mon ami était sur le point de me présenter lorsqu'elle me regarda, me sourit et dit : « A qui est ce petit garçon ? » Or cette expression, chose incroyable, était précisément celle qu'employaient les souteneurs et les racketeers de l'Avenue pour me proposer, avec autant de convoitise que d'ironie, de « passer le temps » avec eux.

Peut-être la terreur qu'ils provoquaient en moi trouvait-elle en partie son origine dans le fait que, bien évidemment, je voulais être le petit garçon de quelqu'un. J'étais si plein de frayeur et la proie de tant d'énigmes qu'il était inéluctable que cet été-là je tombe sous l'empire de quelqu'un. A Harlem, on trouve toujours preneur. J'eus la chance (en fut-ce une ?) de me retrouver dans le « racket » religieux au lieu d'un autre et de succomber à une séduction spirituelle bien avant de connaître aucune révélation charnelle. Car quand le pasteur me demanda avec son merveilleux sourire : « A qui est ce petit garçon ? » mon cœur répondit aussitôt : « Mais à vous, bien sûr. »

L'été passa et les choses empirèrent. Mon angoisse, mon sentiment de culpabilité grandirent, fermentèrent au fond de moi et naturellement, inévitablement, un soir, alors que cette femme venait de terminer son prêche, tout cela remonta dans un rugissement, un hurlement, un sanglot et je me jetai à terre au pied de l'autel. Ce fut la sensation la plus étrange qu'il m'ait jamais été donné d'éprouver — alors ou depuis. Je ne m'étais pas rendu compte que cela allait arriver ni même que cela pouvait arriver. A un moment donné j'étais debout à chanter en battant des mains, tout en mettant au point dans ma tête l'intrigue d'une pièce à laquelle je travaillais alors. Un instant plus tard, sans transition, sans sentiment de chute, j'étais sur le dos, les lumières en plein dans ma figure, tous les fidèles dressés au-dessus de moi. Je ne savais pas ce que je faisais là, si bas, ni comment j'étais arrivé là. Et l'angoisse qui me remplissait défie toute description. Elle se déplaçait en moi comme ces inondations qui dévastent des comtés, rasant tout, arrachant les enfants à leurs parents, les amants les uns aux autres, transformant tout en un néant anonyme. Tout ce que je me rappelle, c'est l'indicible douleur physique. C'était comme si je hurlais en direction des Cieux et que les Cieux refusent de m'entendre. Et si les Cieux refusaient de m'entendre — si l'amour ne pouvait pas descendre des Cieux pour me laver, pour me purifier — alors la désolation absolue était mon lot.

Oui, cela représente véritablement quelque chose, quelque chose d'indicible, dans une nation de Blancs, une nation anglo-teutonique et antisexuelle, d'être né noir. Très bientôt, sans même vous en rendre compte, vous abandonnez tout espoir de communion. Les Noirs, pour la plupart, baissent les yeux ou les lèvent au ciel, mais ne se regardent pas les uns les autres, ne vous regardent pas, et les Blancs, pour la plupart, détournent le regard. Et l'Univers est comme un tambour creux. Il n'y a aucun, absolument aucun moyen, me semblait-il alors et m'a-t-il encore parfois semblé depuis, de vivre normalement, d'aimer votre femme et vos enfants ou vos amis ou votre père ou votre mère, ou d'être aimé. L'Univers, qui n'est pas constitué seulement des étoiles, de la lune et des planètes, des fleurs, de l'herbe et des arbres, mais d'autres êtres humains, n'a élaboré aucun terme pour votre existence, ne vous a réservé aucune place, et si ce n'est l'amour qui ouvre ces portes toutes grandes, aucun autre pouvoir ne le fera, ni ne pourra le faire. Et si l'on en vient à désespérer — et qui n'en désespère pas ? — de l'amour humain, seul reste l'amour divin. Mais — et cela malgré moi je le sentais même alors, il y a si longtemps, — sur le sol immense de cette église, Dieu est blanc. Et si son amour était si grand et s'Il aimait tous ses enfants, pourquoi alors nous les Noirs avions-nous été rejetés si loin, si loin ? Pourquoi ? En dépit de tout ce que je devais dire ensuite, je ne trouvai pas de réponse sur le sol de l'église, pas cette réponse-là en tout cas, et j'y passai toute la nuit...

Au-dessus de moi, pour m'aider à « franchir le pas », les Justes chantaient et louaient le Seigneur et priaient. Et au matin quand ils me relevèrent ils me dirent que j'étais sauvé.

Eh bien, en un sens, je l'étais, car j'étais absolument vidé de ma substance, épuisé et libéré pour la première fois de tous mes déchirants sentiments de culpabilité. A ce moment-là je ne ressentais qu'un grand soulagement.

Pendant bien des années je fus incapable de me demander pourquoi les humains ne pouvaient atteindre à un tel soulagement que d'une façon à la fois si païenne et si désespérée, d'une façon à la fois si inexprimablement vieille et si indiciblement nouvelle.

Et lorsque j'en vins à pouvoir me poser cette question, j'en vins aussi à constater que les principes présidant aux rites et coutumes des églises au sein desquelles j'avais grandi ne différaient pas des principes gouvernant les rites et coutumes d'autres églises, blanches celles-là. Les principes étaient l'Aveuglement, la Solitude et la Terreur. Le premier principe cultivé, inévitablement et activement cultivé, afin de pouvoir nier l'existence des autres. Je donnerais beaucoup pour croire que ces principes sont la Foi, l'Espérance et la Charité, mais il n'en est clairement rien pour la plupart des chrétiens ou pour ce que nous appelons le monde chrétien.

J'étais sauvé. Mais cependant un instinct profond d'adolescent, que je ne prétends pas comprendre, me fit me rendre immédiatement compte que je ne pouvais pas demeurer dans l'Église au titre de simple fidèle. Il fallait que je me trouve quelque chose à faire pour ne pas m'ennuyer trop et me retrouver parmi les misérables brebis égarées de l'Avenue. Je suis également convaincu que je voulais aussi battre mon père sur son propre terrain. Quoi qu'il en soit, peu de temps après ma conversion je devins prédicateur — un « jeune ministre » — et je tins ma chaire pendant plus de trois ans. A cause de ma jeunesse j'acquis très vite un prestige bien supérieur à celui dont jouissait mon père. Impitoyablement je tirai le maximum de cet avantage, car c'était le meilleur moyen que j'avais trouvé pour briser l'emprise qu'il exerçait sur moi. Ce fut l'époque la plus effrayante de ma vie et de loin la plus malhonnête, et l'espèce d'hystérie dont je souffris en conséquence donna — temporairement — à mes sermons des accents passionnés. Je savourais l'attention et la relative immunité que me conférait mon nouvel état et par-dessus tout je savourais mon soudain droit à m'isoler. On dut bien reconnaître, après tout, que j'étais encore un écolier avec des devoirs à faire et j'étais également censé préparer au moins un sermon par semaine. Durant ce qu'il convient peut-être d'appeler le summum de ma renommée, je prêchais bien plus souvent encore. Ceci signifiait qu'il y avait des heures et même des jours entiers où personne ne pouvait me déranger, pas même mon père. Je l'avais réduit à l'impuissance. Il me fallut plutôt plus longtemps pour comprendre que je m'étais moi-même réduit à l'impuissance et n'avais en fait échappé à rien du tout.

A l'église, j'éprouvais une délicieuse exaltation. Il me fallut très longtemps pour parvenir à ne plus éprouver cette exaltation et, au niveau le plus aveugle, le plus viscéral, je n'y suis vraiment jamais parvenu et n'y parviendrai vraisemblablement jamais. Aucun spectacle ne vaut pour moi celui des justes en train de se réjouir, des pécheurs de se lamenter, des joueurs de tambourin de rivaliser de rapidité, aucune musique celle de toutes ces voix chantant à l'unisson les louanges du Seigneur. Encore aujourd'hui rien ne m'émeut tout à fait autant que cette masse de visages de nuances diverses, las mais mystérieusement triomphants et transfigurés et parlant, des abysses d'un visible, tangible, constant désespoir, de la bonté du Seigneur. Jamais je n'ai rien vu de comparable à l'élan, à la passion qui parfois, soudainement, remplit une église, la faisant, ainsi qu'en ont témoigné Leadbelly [1] et tant d'autres, tanguer, au sens propre du terme. Rien de ce qui a pu m'arriver depuis n'a égalé la puissance et la gloire que j'éprouvais parfois au milieu d'un sermon quand je savais que vraiment, d'une façon ou d'une autre, par quelque miracle, je transmettais véritablement, comme ils disaient « la Parole », quand l'église et moi ne faisions

1. Célèbre chanteur noir.

qu'un. Leur douleur et leur joie étaient miennes et les miennes leurs. Ils me livraient les leurs, je leur livrais les miennes et leurs cris de « Amen », « Allelujah », « Oui, Seigneur », « Loué soit son nom », « Prêche, mon frère », soutenaient et cinglaient mes soli jusqu'à ce que nous soyons devenus tous égaux, trempés de sueur, chantant et dansant dans l'angoisse et l'exaltation au pied de l'autel... Ceci fut pendant longtemps, et en dépit ou peut-être à cause de la médiocrité de mes mobiles, mon seul soutien, mon boire et mon manger. Je rentrais précipitamment de l'école à la maison, puis courais à l'église, devant l'autel, pour être seul là, pour communier avec Jésus, mon plus cher ami qui ne m'abandonnerait jamais, lui qui connaissait tous les secrets de mon cœur. Peut-être les connaissait-il, mais moi je ne les connaissais pas et, en fait, le marché que nous conclûmes au pied de cet autel fut qu'il veillerait à ce qu'il en soit toujours ainsi.

Il n'a pas respecté les termes de ce marché. Je ne lui avais pas fait suffisamment confiance. Cela se produisit, comme la plupart des choses, imperceptiblement et de bien des façons à la fois. J'en vois remonter les débuts — de cet effritement de ma foi, de cet effondrement de ma forteresse, — à l'époque, environ un an après mon premier sermon, où je recommençai à lire. Je trouvais une justification à ce désir dans le fait que j'allais encore à l'école et commençai, inéluctablement, avec Dostoïevski. A ce moment je fréquentais une École Supérieure dont la majorité des élèves étaient Juifs. Cela signifiait que j'étais entouré d'êtres qui, par définition, ne sauraient être sauvés, qui se moquaient des brochures et prospectus que j'apportais à l'école et qui me faisaient remarquer que les Évangiles avaient été écrits longtemps après la mort du Christ. Il n'y aurait eu à cela que demi-mal si je n'avais pas été ainsi forcé de lire moi-même ces brochures et prospectus en lesquels il était effectivement impossible de croire si on n'était pas déjà convaincu de la vérité de leur contenu. Je me souviens avoir obscurément ressenti qu'ils représentaient une espèce de chantage. Il me semblait que les hommes devraient aimer le Seigneur de façon désintéressée et non pas par peur d'aller en enfer. Je dus, à mon corps défendant, me rendre compte que des hommes avaient écrit puis traduit la Bible elle-même dans des langages que je ne connaissais pas et, déjà, ces problèmes d'expression prenaient pour moi une terrible importance. Certes, j'avais la réplique à portée de la main. Tous ces hommes étaient alors visités par l'inspiration divine. Mais l'étaient-ils vraiment ? Tous ? Et j'en connaissais déjà, hélas, bien plus long quant à l'inspiration divine que je n'osais l'admettre, car je savais comment je parvenais à provoquer en moi mes propres visions et combien fréquemment — incessamment en fait — les visions que le Seigneur voulait bien m'accorder différaient de celles qu'il accordait à mon père. Je ne comprenais pas mes rêves nocturnes, mais savais bien qu'ils n'étaient pas d'un saint. En fait je me rendais compte que mes journées étaient également très différentes de ce qu'auraient dû être celles d'un saint. Je passais le plus clair de mon temps à me repentir de choses que j'avais très précisément souhaité faire mais n'avais point faites. Mes contacts répétés avec des Juifs m'obligèrent à ce que j'avais désespérément essayé d'éviter, à me concentrer, tout tremblant, sur le problème des rapports entre races. J'étais conscient du fait que la Bible avait été écrite par des Blancs. Je savais que selon de nombreux Blancs j'étais un descendant de Cham qui avait été maudit et que j'étais donc prédestiné à être esclave. Ceci n'avait rien à voir avec ce que j'étais, avais en moi, ou étais susceptible de devenir. Mon destin avait été fixé à jamais, dans la nuit des temps. Et il semblait en effet, à qui considérait le monde chrétien, que c'était là ce que croyait le monde chrétien. A en juger par sa façon d'agir, il n'en fallait pas douter. Je me rappelai les prêtres et évêques italiens, bénissant les soldats en partance pour l'Éthiopie.

Une autre chose déconcertante chez mes camarades d'école juifs, c'était que je ne parvenais à trouver aucun point commun entre eux et les usuriers, épiciers et propriétaires juifs de Harlem. Je savais que ces gens étaient juifs, Dieu sait qu'on me le répétait assez souvent, mais je ne voyais en eux que des Blancs. Les Juifs, en tant que peuple, jusqu'à ce que j'arrive à cette école, étaient tous enfermés dans l'Ancien Testament et leurs noms étaient Abraham, Moïse, Daniel, Ézéchiel, et Job et Shadrach, Meshach et Abednego. Il était très troublant de les retrouver si éloignés, dans le temps et dans l'espace, de l'ancienne Égypte, si éloignés aussi du feu éternel de l'enfer. Mon meilleur camarade de classe était juif. Il vint un jour chez nous et plus tard mon père demanda comme il demandait toujours : « Est-il chrétien ? » — par quoi il signifiait : « Son salut est-il assuré ? » Je ne saurais dire si ma réponse me fut dictée par ma candeur ou ma méchanceté, mais je répliquai froidement : « Non, il est juif. » L'énorme paume de mon père vint s'abattre sur mon visage et à ce moment tout remonta comme une lame de fond, toute ma haine et toute ma peur et dans toute sa profondeur ma résolution inexorable de tuer mon père plutôt que de le laisser me tuer, et je sus que tous ces sermons et toutes ces larmes, toutes ces extases et tous ces repentirs n'avaient rien changé. S'attendait-on vraiment à ce que je me réjouisse qu'un de mes camarades, ou qui que ce soit, soit voué aux éternelles tortures de la Géhenne ? Et tout à coup je me pris à penser aux Juifs d'une autre nation chrétienne, l'Allemagne. Eux, après tout, n'étaient pas si éloignés des flammes éternelles et mon meilleur ami aurait pu se trouver parmi eux. Je lançai à mon père : « Il est meilleur chrétien que vous » et sortis sur ces entrefaites. Les hostilités entre nous étaient maintenant ouvertes, mais je n'y voyais pas d'inconvénient. J'en étais presque soulagé. J'étais maintenant aux prises avec un ennemi plus dangereux.

En chaire j'étais au spectacle. Mais je me trouvais dans les coulisses et savais comment les illusions s'opéraient. Je connaissais les autres pasteurs et savais quelle sorte de vie était la leur. Et par cela je n'entends pas faire allusion à une certaine hypocrisie quant aux choses des sens du type « Elmer Gantry ». Leur hypocrisie était plus profonde, plus subtile et plus néfaste, et un peu ou beaucoup de franche sensualité aurait été comme de l'eau dans un désert atrocement aride.

Je savais comment remuer une congrégation jusqu'à ce qu'elle ait rendu sa dernière piécette — cela n'est pas très difficile — et je savais où passait l'argent destiné à la Sainte Cause. Je savais, même si j'eusse beaucoup préféré l'ignorer, que je n'éprouvais aucun respect pour les gens avec qui je travaillais. Je n'aurais pas pu le dire alors, mais je savais aussi qu'à moins de les abandonner je ne pourrais bientôt plus me regarder en face. Et le fait que j'étais maintenant le « Jeune Frère Baldwin » augmentait encore ma cote auprès de ces souteneurs et de ces racketeers qui avaient contribué à me faire me jeter aveuglément dans le sein de l'Église. Ils voyaient encore en moi le petit garçon sur lequel ils avaient souhaité faire main basse. Ils attendaient le moment où je finirais par me rendre compte que j'étais dans un commerce extrêmement lucratif. Ils savaient que je n'en étais pas encore conscient et que je n'avais pas encore la moindre idée à quelles extrémités mes besoins EN AUGMENTANT — et il s'agissait de gens fort patients — pourraient me mener. Ils connaissaient eux-mêmes fort bien la musique et savaient que les probabilités étaient en leur faveur. Et au fond je le savais aussi. Je me sentais encore plus seul et plus vulnérable que naguère. Et le sang de l'Agneau ne m'avait en rien purifié. J'étais tout aussi noir qu'au jour de ma naissance. C'est pourquoi, lorsque je me trouvais face à face avec des fidèles, je n'avais maintenant pas trop de toutes mes forces pour ne pas bégayer, ne pas jurer, ne pas leur dire de jeter leurs bibles, se relever, rentrer chez eux et organiser, par exemple, une grève des loyers.

Quand j'observais tous les enfants, leurs visages cuivrés, beiges, marron, levés vers moi tandis que je les catéchisais à l'École du Dimanche, je sentais que je commettais un crime en leur parlant du doux Jésus, en leur disant de se résigner à leur misère sur terre afin de gagner les gloires de la vie éternelle. Ces gloires étaient-elles réservées aux seuls Noirs ? Le Paradis ne serait-il donc alors qu'un autre ghetto ? Peut-être aurais-je pu accepter même cela si j'avais pu me convaincre qu'il y avait la moindre tendresse dans ce refuge que j'étais censé incarner. Mais je prêchais depuis déjà trop longtemps et avais vu trop de choses monstrueuses. Je ne fais pas seulement allusion au fait criant que le pasteur finit par acquérir propriétés et Cadillacs tandis que les fidèles continuent à laver par terre et à déposer leurs pièces lors de la quête. Par cela j'entends qu'il n'y avait pas d'amour véritable dans l'église. Elle n'était qu'une façade derrière laquelle se cachaient la haine des autres et de soi-même et le désespoir. Le pouvoir transfigurateur du Saint-Esprit s'achevait en même temps que le service et le salut n'allait pas plus loin que la porte de l'église. Quand on nous avait dit d'aimer tous les hommes, j'avais cru que cela signifiait TOUS LES HOMMES. Mais il n'en était rien. Cela ne s'appliquait qu'à ceux qui partageaient nos croyances et pas du tout aux Blancs. Un pasteur me dit par exemple que je ne devais absolument jamais, sous aucun prétexte, céder ma place, dans un transport public, à une femme blanche, les Blancs ne se levant jamais pour une femme noire. Sans doute, en général ceci n'était-il que trop exact. Je comprenais ce qu'il voulait dire. Mais que signifiait, à quoi me servait d'être parmi les élus si je ne pouvais adopter une attitude d'amour envers les autres quelle que fût l'attitude qu'ils avaient envers moi ? Les autres étaient responsables de leurs actes dont ils auraient à répondre quand sonneraient les trompettes du Jugement. Mais j'étais responsable des miens et j'aurais aussi à m'en justifier, à moins, naturellement, qu'il y ait également au Paradis des dispenses spéciales pour ces pauvres Noirs à demi évolués qui ne sauraient être jugés selon le même code que le reste de l'humanité, ou les anges. Je compris sans doute à ce moment-là que l'idée que les gens se font de l'au-delà n'est qu'un reflet, déformé selon des normes faciles à prévoir, du monde dans lequel ils vivent. Et ceci n'était pas seulement vrai des Noirs qui ne sont pas plus « simples » ou « spontanés » ou « chrétiens » que n'importe qui, mais qui sont simplement plus opprimés. De même qu'aux yeux des Blancs nous étions les descendants de Cham et maudits à jamais, de même ceux-ci étaient pour nous les descendants de Caïn. Et le caractère passionné de notre adoration pour le Seigneur était à l'image de la profondeur de notre crainte, de notre haine au fond de quasiment tous les étrangers, à l'image aussi de notre façon de nous fuir et de nous mépriser nous-mêmes.

Mais je ne puis m'arrêter là. Il y a plus à dire. En dépit de tout il y avait dans la vie que je fuyais un enthousiasme et une joie et une faculté de faire face aux catastrophes et d'y survivre, qui sont très émouvants et très rares. Peut-être tous autant que nous étions — souteneurs, prostituées, racketeers, prédicateurs, enfants — nous trouvions-nous liés par la nature de l'oppression dont nous étions l'objet, le complexe spécifique et particulier de risques qu'il nous fallait courir; s'il en était ainsi, à l'intérieur de ces limites nous atteignions parfois dans nos rapports à une liberté qui était proche de l'amour. Je me souviens en tout cas d'excursions ou de dîners organisés par la congrégation et plus tard, quand j'eus quitté l'Église, de soirées ou de simples réunions durant lesquelles la colère et la tristesse demeuraient dans l'ombre immobiles tandis que nous mangions, buvions, parlions, riions et dansions et oubliions jusqu'à l'existence de « l'homme ». Nous avions de l'alcool, des poulets, de la musique, des amis, et n'avions pas besoin de faire semblant d'être ce que nous n'étions pas.

C'est cette sorte de liberté dont on entend

l'écho dans certains negro spirituals par exemple et dans le jazz. Dans tout le jazz et particulièrement dans les blues il y a quelque chose d'acide et d'ironique, d'assuré et d'à double tranchant. Les Américains blancs semblent penser que les chansons gaies sont gaies et que les chansons tristes sont tristes, et c'est exactement ainsi, Dieu nous pardonne, que la plupart des Blancs américains les chantent avec, dans un cas comme dans l'autre, des accents si incurablement, si spontanément prétentieux qu'on n'ose même pas imaginer la température du congélateur d'où s'échappent leurs braves petites voix asexuées. Seuls ceux qui ont été « là-bas, dans le Sud » — comme dit la chanson — savent de quoi parle cette musique. Je crois que c'était Big Bill Bronzy qui chantait « Je me sens si bien », une chanson vraiment pleine de joie au sujet d'un garçon qui est en route vers la gare où doit arriver son amie. Elle rentre. C'est l'incroyablement émouvante exubérance du chanteur qui nous fait comprendre combien lui a pesé le temps de son absence. Il n'est pas du tout impossible qu'elle doive repartir, le chanteur le sait très bien et en fait, à proprement parler, elle n'est pas encore là. Ce soir ou demain ou d'ici cinq minutes il chantera peut-être « Tout seul dans ma chambre » ou répétera :

N'arriverons-nous donc pas à s'tirer du pétrin,
Si c'est pas aujourd'hui ce sera pour demain.

Les Américains blancs ne comprennent pas les profondeurs dont est issue cette obstination ironique mais ils soupçonnent cette force d'être sensuelle et la sensualité les terrifie et ils ne la comprennent plus. Ce mot « sensuel » n'est pas destiné à évoquer de fuligineuses et frémissantes nymphes ou de priapiques étalons noirs. J'ai à l'esprit quelque chose de beaucoup plus simple et terre à terre. Être sensuel, pour moi, c'est respecter et tirer joie de la force de la vie, de la vie elle-même et d'être *présent* dans tout ce que l'on fait, de l'effort d'aimer à la rupture du pain. L'Amérique pourra, ceci dit entre parenthèses, marquer d'une pierre blanche le jour où nous mangerons à nouveau du pain et non plus ce sacrilège caoutchouc mousse insipide que nous y avons substitué. Et je parle ici tout à fait sérieusement. Un grave danger menace les habitants d'une nation qui en viennent à avoir si peu confiance en leurs propres réactions et ont, comme c'est le cas ici, perdu tout sens du bonheur. C'est cette inquiétude qu'on rencontre chez chaque Américain blanc, cette incapacité à se renouveler à la source de sa propre vie, qui rend si suprêmement difficile la discussion, pour ne pas parler de la solution, de toute question épineuse, c'est-à-dire de toute réalité. Une personne qui n'a pas confiance en soi ne dispose plus d'aucun critère de la réalité, car ce critère ne peut être trouvé qu'en soi-même. Une telle personne interpose entre elle et la réalité rien moins qu'un labyrinthe de faux-semblants. Et qui plus est, ces faux-semblants, bien que la personne n'en ait le plus souvent pas conscience — elle a conscience de si peu ! — sont des faux-semblants historiques et publics. Ils ne correspondent pas plus à l'actualité qu'ils ne correspondent à la personne. C'est pourquoi tout ce que les Blancs ignorent des Noirs révèle précisément et inexorablement ce qu'ils ignorent d'eux-mêmes.

Les chrétiens blancs oublient plusieurs détails historiques élémentaires. Ils oublient que la religion qu'on identifie aujourd'hui avec leur vertu et leur pouvoir — « Dieu est avec nous », affirme le docteur Verwoerd — est issue d'un morceau de désert caillouteux situé dans ce qui s'appelle maintenant le Proche-Orient bien avant qu'ait même été inventée la notion de couleur et que, pour que soit établie l'Église chrétienne, il fallut que le Christ trouvât la mort aux mains des Romains, et que le véritable architecte de l'Église chrétienne ne fut pas l'Hébreu brûlé de soleil, à la réputation douteuse, qui lui donna son nom mais l'impitoyablement fanatique, le hautain saint Paul. La prospérité croissante de l'Église chrétienne a provoqué une déperdition d'énergie qui doit cesser et qui cessera, rien ne saurait l'en empêcher. Beaucoup d'entre nous, me semble-t-il, attendent ce moment et le redoutent car, bien que cette transformation contienne en elle l'espoir de notre libération, elle impose aussi la nécessité de grands bouleversements. Mais afin de canaliser les forces assoupies et inexploitées d'êtres jusqu'ici subjugués, afin de survivre en tant que force humaine morale active en ce monde, les États-Unis et toutes les nations occidentales seront bien obligés de faire leur bilan, de se débarrasser de bien des choses qui sont maintenant tenues pour sacrées, et de mettre au rebut la quasi-totalité des postulats dont ils se sont servis pendant si longtemps pour justifier leur existence, leur angoisse et leurs crimes. « Le Paradis du Blanc », chante un pasteur musulman noir [1], est l'Enfer du Noir. On peut objecter, si l'on veut, que c'est là simplifier les choses à l'excès, mais la chanson dit vrai et a dit vrai depuis le premier jour où les Blancs ont mené le monde. Les Africains expriment ceci d'une autre façon. « Quand l'homme blanc est arrivé en Afrique, l'homme blanc avait la Bible et l'Africain avait la terre, mais maintenant c'est l'homme blanc qui, contre son gré et dans le sang, se voit retirer la terre tandis que l'Africain

1. « Black Muslim », secte religieuse et réseau d'action politique et sociale dont les buts et les méthodes seront exposés plus bas.

en est encore à essayer de digérer ou de vomir la Bible. » C'est pourquoi la lutte mondiale dont nous observons les débuts est extrêmement complexe et met en jeu le rôle historique de la chrétienté dans le domaine du pouvoir, c'est-à-dire en politique, et dans le domaine moral. Dans le domaine du pouvoir la chrétienté a agi avec une arrogance et une cruauté absolues, ce qui était inévitable puisqu'une religion impose ordinairement à ceux qui ont trouvé la voie du Seigneur le devoir spirituel de libérer les infidèles. Cette voie du Seigneur-là donne en outre la primauté à l'âme sur le corps ainsi qu'en témoignent la chair (et les cadavres) d'un nombre incalculable d'infidèles. Il va donc sans dire que quiconque met en doute l'autorité du dogme conteste également le droit des nations qui le pratiquent à avoir la haute main sur lui, contestent en bref leur droit à occuper ses terres.

La diffusion des évangiles, quels qu'aient été les mobiles, la sincérité ou l'héroïsme de certains missionnaires, était une justification indispensable à la conquête. Les prêtres, les religieuses et les maîtres d'école aidèrent à protéger et à sanctifier la force qui était si impitoyablement employée par des gens qui cherchaient bien une cité mais qui ne se trouvait pas du tout dans le royaume de Dieu et devait, indubitablement, être bâtie par des mains captives. L'Église chrétienne elle-même, que, une fois de plus, il ne faut pas confondre avec certains de ses prêtres, a béni ces conquêtes militaires, s'en est réjouie et encouragea, si elle ne la formula pas, la croyance que la colonisation et le relatif bien-être qui en résulta pour les populations de l'hémisphère occidental étaient une preuve de la faveur divine. Dieu avait parcouru un long chemin depuis le désert, mais Allah aussi, même s'il était, lui, allé dans une tout autre direction. Dieu cap au nord et s'élevant sur les ailes de la force était devenu blanc ; Allah dépourvu, lui, de puissance et mal loti au ciel était devenu, pratiquement, noir. Ainsi dans le domaine de la morale le rôle joué par la chrétienté a été, c'est le moins qu'on en puisse dire, ambivalent. Même sans tenir compte de ce qu'il y a de remarquablement arrogant à considérer comme acquis que les us et coutumes d'autrui sont inférieurs à ceux des chrétiens et que ceux-ci ont donc tous les droits de les changer et peuvent utiliser tous les moyens à cet effet, la collision entre les cultures et la schizophrénie dont a souffert la chrétienté ont rendu le domaine de la morale aussi mystérieux que furent jadis les océans et aussi plein de périls qu'ils le sont encore. On peut dire sans exagérer que quiconque souhaite devenir un être humain véritablement moral — et ne nous demandons pas si cela est possible, il me semble qu'il nous faut croire que oui — doit d'abord dire adieu à tous les interdits, crimes et hypocrisies de l'Église chrétienne. Si l'idée de Dieu est la moins du monde fondée et utile, ce ne peut être que pour nous grandir, nous libérer, nous rendre plus capables d'amour. Si Dieu ne peut accomplir cela, il est temps que nous en finissions avec lui.

J'avais beaucoup entendu parler, bien avant de finalement faire sa connaissance, de l'Honorable Elijah Muhammad et du mouvement de la Nation d'Islam à la tête duquel il se trouve. Je n'avais prêté qu'une oreille distraite à ce qu'on m'avait dit de lui parce que la substance de son message ne m'avait pas frappé comme particulièrement originale. Toute ma vie j'avais entendu des variations sur ce même thème. A Harlem parfois le samedi soir je m'étais attardé parmi les personnes attroupées au coin de la 125e Rue et de la 7e Avenue pour écouter les orateurs musulmans. Mais j'avais entendu cent discours identiques — ou du moins c'est ce que je crus tout d'abord. Il faut également dire que j'ai depuis très longtemps une tendance très prononcée à tourner le bouton dès que je m'approche d'une chaire ou d'une tribune. Ce que ces hommes disaient des Blancs n'avait rien de nouveau pour moi. Et je rejetai la revendication présentée par la « Nation d'Islam » d'une économie noire autonome en Amérique comme une absurdité patente et même néfaste. Deux choses m'amenèrent cependant à prêter plus d'attention aux « Musulmans noirs ». L'une était l'attitude de la Police. J'avais, après tout, à ce même coin de rue, vu des hommes traînés à bas de leur estrade pour avoir dit des choses moins virulentes et bien des attroupements dispersés par des policiers à cheval ou armés de matraques. Mais ces policiers-ci ne faisaient rien. Manifestement ce n'était pas parce qu'ils avaient été gagnés par des sentiments humanitaires mais parce qu'ils avaient reçu des instructions et parce qu'ils avaient peur. C'était en effet le cas et j'en fus ravi. Ils restaient là dans leurs uniformes de louveteaux avec leurs figures de louveteaux, absolument pris au dépourvu, comme il en est toujours avec les « durs » américains, par quelque chose qui ne peut pas être résolu à coups de poings, de matraques ou de pistolets. Ils m'auraient fait pitié si je n'étais pas passé si souvent entre leurs mains et si je n'avais pas ainsi payé cher l'avantage de constater combien leur attitude varie selon qu'eux-mêmes ou vous êtes les plus forts. Le comportement de la foule, son recueillement, fut l'autre facteur qui m'obligea à remettre en question mon opinion des orateurs et de leur message. Il m'arrive de penser avec désespoir que les Américains avalent absolument n'importe quel discours politique, en bloc, — nous n'avons guère fait autre chose ces pénibles dernières années — aussi (en particulier après ce que Harlem a subi en matière de démagogie) cela ne signifie-t-il peut-être pas grand-chose de dire que l'air de bonne foi des orateurs me fit l'impression d'un changement radical. Et pourtant ils semblaient profondément convaincus et leurs auditeurs levaient vers eux des visages sur lesquels se lisait une sorte d'espoir intelligent : leur attitude n'était pas celle de gens qu'on console ou qu'on drogue mais celle de gens en train de recevoir une secousse. Les discours que j'entendis traitaient du pouvoir. On nous présentait, comme doctrine de la Nation d'Islam, des preuves historiques et divines de la malédiction qui pèse sur tous les Blancs, de leur nature démoniaque et de l'imminence de leur chute. Ces choses avaient été révélées par Allah lui-même à son prophète l'Honorable Elijah Muhammad. Les dix ou quinze prochaines années verraient la fin de la prééminence de l'homme blanc — et il faut reconnaître que tous les événements récents sembleraient confirmer l'exactitude de l'affirmation du prophète. La foule semblait n'éprouver aucune difficulté à avaler cette théologie — toutes les foules avalent ainsi la théologie, me laissé-je dire, dans les deux moitiés de Jérusalem, à Istanbul, à Rome — et, en tant que théologie, celle-ci n'était guère plus difficile à assimiler que celle d'un type plus familier qui affirme que les fils de Cham sont maudits ; ni plus ni moins, et elle a été conçue dans le même but, à savoir la sanctification de la force. Mais on ne consacra que très peu de temps à la théologie, car point n'est besoin de prouver à un public de Harlem que les Blancs sont démoniaques. Ils étaient satisfaits d'enfin voir ce qu'ils savaient déjà confirmé par l'autorité divine, d'entendre — et c'était là pour eux une émotion grandiose — qu'on leur avait menti pendant toutes ces années, toutes ces générations, que leur captivité touchait à sa fin, car Dieu est noir. Pourquoi *l'entendaient-ils* maintenant, puisque ce n'était pas la première fois qu'on le leur disait ? Enfant puis adolescent, j'avais entendu différents prophètes le dire bien des fois pendant toutes ces années. Elijah Muhammad lui-même répète le même message depuis plus de trente ans. Il n'est pas la dernière révélation de la saison et on m'assure que sa vocation lui est venue lorsque, à l'âge de six ans ou à peu près, son père fut lynché sous ses yeux — autant pour les droits des États. Et maintenant, tout à coup, des gens qui jusqu'ici n'avaient jamais entendu son message l'entendent, croient en lui et en sont transformés. Elijah Muhammad a accompli ce que des générations d'assistantes sociales, des kyrielles de comités, d'arrêtés, de rapports, d'habitations à loyers modérés, de terrains de jeux n'ont pu faire. Il a guéri et réhabilité des alcooliques et des drogués, a transformé des gens qui sortaient de prison et qui n'y retournent pas, a rendu les hommes chastes et les femmes vertueuses et a doté les uns comme les autres d'une fierté et d'une sérénité qui les entourent comme une lumière surnaturelle. Il a réussi précisément là où notre Église a échoué de façon si spectaculaire. Comment y est-il donc parvenu ? Eh bien, en un sens — et je ne souhaite aucunement amoindrir son rôle propre et ce qu'il a accompli de remarquable — ce n'est pas lui qui a accompli tout cela, mais le temps. Le temps vient à bout des royaumes et les réduit en poussière, il plante ses crocs dans les doctrines et les déchiquette : le temps révèle les fondations sur lesquelles reposent les royaumes et les ronge et il détruit les doctrines en montrant qu'elles sont inexactes. Dans ces temps, pas si lointains, où les prêtres de cette Église qui a son siège à Rome donnaient la bénédiction divine aux jeunes Italiens qu'on envoyait ravager un pays noir sans défense — et qui d'ailleurs jusqu'à ces événements ne s'était pas considéré comme noir —, il était impossible de croire en un Dieu noir. Affirmer avoir de telles convictions serait revenu à se reconnaître fou. Mais les années ont passé et pendant ce temps sont apparues la faillite morale et l'instabilité politique du monde chrétien. Les Tunisiens avaient parfaitement raison en 1956 — et ce fut un moment capital de l'histoire de l'Occident et de celle de l'Afrique, lorsqu'ils répliquèrent aux arguments des Français en faveur de leur maintien en Afrique en posant la question : « Les Français sont-ils prêts à l'autonomie ? » De même, les termes « civilisé » et « chrétien » acquièrent une résonance très étrange, en particulier aux oreilles de ceux jugés indignes de ces deux épithètes, lorsqu'une nation chrétienne se livre à une immonde orgie de violence telle que celle à laquelle s'est livrée l'Allemagne du IIIe Reich. Pour crime d'hérédité en plein XXe siècle au cœur de l'Europe — place forte du Bon Dieu — des millions d'êtres humains furent envoyés à un martyre si prémédité, si ignoble et si prolongé qu'aucun siècle avant ce siècle des lumières n'avait su en concevoir un semblable, encore bien moins le mettre à exécution et en tenir les archives. De plus ceux qui sont sous la botte des nations occidentales, à la différence de nous autres qui nous trouvons à l'intérieur de ces nations, se rendent parfaitement compte que le rôle de l'Allemagne dans l'Europe d'aujourd'hui est de jouer les bastions contre les hordes « barbares » et, puisque la puissance est précisément ce que souhaitent ceux qui ne l'ont pas, ils comprennent très bien ce que nous occidentaux voulons conserver et ne se font aucune illusion sur nos discours au sujet de cette liberté que nous n'avons jamais accepté de partager avec eux.

Toute prétention à une supériorité quelconque, sauf dans le domaine technologique, qu'ont pu entretenir les nations chrétiennes, a, en ce qui me concerne, été réduite à néant par l'existence même du IIIe Reich. Les Blancs furent et sont encore stupéfaits par l'holocauste dont l'Allemagne fut le théâtre. Ils ne savaient pas qu'ils étaient capables de choses pareilles. Mais je doute fort que les Noirs en aient été stupéfaits; au moins au même degré. Quant à moi, le sort des Juifs et l'indifférence du monde à leur égard m'avaient rempli de frayeur. Je ne pouvais m'empêcher, pendant ces pénibles années, de penser que cette indifférence des hommes, au sujet de laquelle j'avais déjà tant appris, était ce à quoi je pouvais m'attendre le jour où les États-Unis décideraient d'assassiner leurs nègres systématiquement au lieu de petit à petit et à l'aveuglette. Les meilleures sources m'assurèrent évidemment que ce qui était arrivé aux Juifs en Allemagne ne saurait arriver aux nègres des États-Unis, mais la pensée sinistre me vint que les Juifs allemands avaient probablement cru de semblables conseilleurs et encore une fois je ne pouvais partager l'opinion de lui-même qu'a le Blanc pour l'excellente raison qu'en Amérique les Blancs ne se comportent pas à l'égard des Noirs de la même façon qu'ils se comportent entre eux. Quand un Blanc est confronté avec un Noir, en particulier si le Noir est sans défense, de terribles choses se font jour. Je le sais. J'ai été traîné assez souvent dans des sous-sols de commissariats, j'ai vu, entendu et enduré les secrets de criminels blancs des deux sexes qui n'avaient plus rien à perdre et qui savaient pouvoir me les dire en toute sécurité, car les aurais-je répétés que personne ne m'aurait cru. Et on ne m'aurait pas cru précisément parce qu'on aurait su que je ne disais que la vérité.

La façon dont furent traités les Noirs pendant la Deuxième Guerre mondiale marque à mes yeux un tournant des relations des Noirs avec les États-Unis. Très brièvement et un peu trop simplement pourrait-on dire qu'une certaine espérance est morte, qu'un certain respect pour les Américains blancs a disparu. On commença à avoir pitié d'eux, ou à les haïr. Il faut se mettre dans la peau d'un homme qui porte l'uniforme de son pays, est très susceptible de mourir pour sa défense et qui se fait traiter de « NIGGER » par ses compagnons d'armes ou ses officiers; à qui reviennent presque toujours les tâches les plus pénibles, les plus répugnantes, les plus basses; qui sait que le G. I. blanc a fait savoir aux Européens qu'il n'est qu'un être inférieur — autant pour la sécurité sexuelle de l'homme américain — qui ne danse pas dans les Foyers du Soldat le soir où les soldats blancs y dansent et qui ne boit pas dans les bars où boivent les soldats blancs, et qui voit les prisonniers de guerre allemands traités par les Américains avec plus d'égards que lui-même n'en a jamais reçu. Et qui en même temps, en tant qu'être humain, se sent beaucoup plus libre qu'il ne lui avait jamais été donné de pouvoir le faire CHEZ LUI. Ces mots même commencent à sonner d'une façon diabolique et désespérée. Considérez ce qui arrive à ce citoyen, après tout ce par quoi il est passé lorsqu'il revient chez lui. Mettez-vous dans sa peau tandis qu'il cherche du travail, un appartement, mettez-vous à sa place dans les autobus où est appliquée la ségrégation, voyez avec ses yeux les écriteaux indiquant « blancs » et « de couleur » et en particulier ceux qui indiquent « DAMES blanches » et « FEMMES de couleur ». Regardez dans les yeux de sa femme ; regardez dans les yeux de son fils ; écoutez, de ses oreilles, des discours politiques dans le Nord et dans le Sud. Imaginez qu'on vous dit d'ATTENDRE. Et que tout cela se produit dans le pays le plus riche et le plus libre du monde, au milieu du XXe siècle. La subtile et pernicieuse évolution qui se produirait sans doute dans votre esprit prendrait en considération le fait que de méchantes gens ne suffisent pas à détruire une civilisation. Il n'est pas indispensable que les gens soient méchants mais seulement qu'ils soient veules. Deux amis noirs et moi-même — nous avons tous les trois largement dépassé la trentaine et cela se voit — nous trouvions au bar de l'aéroport O'Hare de Chicago, il y a de cela quelques mois, lorsque le barman refusa de nous servir parce que, nous dit-il, « nous avions l'air trop jeune ». Il nous fallut beaucoup de patience pour ne pas l'étrangler, beaucoup d'obstination et pas mal de chance pour arriver à faire venir le gérant qui défendit son barman en nous expliquant qu'il était « nouveau » et n'avait apparemment pas encore appris à distinguer un garçon noir de vingt ans d'un « garçon » noir de trente-sept. On finit donc par nous servir, mais à ce moment-là tout le scotch de la terre n'aurait suffi à nous mettre de bonne humeur. Le bar était très plein et notre altercation avait fait beaucoup de bruit. Pas un seul client du bar n'avait fait quoi que ce soit pour nous aider. Quand tout fut terminé et que nous nous trouvâmes tous les trois au bar, tremblants de rage et de frustration, coincés comme nous l'étions maintenant dans l'aéroport où nous étions venus volontairement en avance afin de boire quelques tournées et de dîner, un jeune homme blanc qui se trouvait près de nous, nous demanda si nous étions étudiants. Je pense qu'il ne pouvait s'expliquer qu'ainsi notre manque de docilité. Je lui répliquai qu'il n'avait pas voulu nous parler plus tôt et que maintenant c'était nous qui ne voulions pas lui parler. Il fut manifestement blessé par ma réponse, ce qui provoqua en moi une réaction de mépris. Mais lorsqu'un de nous, ancien de la guerre de Corée, dit à ce jeune homme que la discussion que nous avions eue le concernait lui aussi, il répliqua : « Il y a longtemps que je n'ai plus de conscience », tourna les talons et s'en alla. Je sais que cela est désagréable à reconnaître, mais ce jeune homme est typique. A en juger par les faits, personne d'autre dans ce bar n'avait de conscience. Il y a quelques années j'aurais haï ces gens de toutes mes forces. Maintenant je n'éprouvais pour eux que de la pitié, car autrement je les aurais méprisés. Et ce ne sont pas là des sentiments qu'on aime nourrir envers ses concitoyens. Mais, en dernière analyse, c'est la menace de destruction universelle suspendue au-dessus de nos têtes à tous qui change radicalement et à jamais la nature même de la réalité et pose avec une terrible acuité le véritable sens de l'histoire de l'humanité. Nous autres êtres humains avons maintenant le pouvoir de nous exterminer. C'est là, semble-t-il, tout ce que nous sommes parvenus à accomplir. Nous avons parcouru cette route et sommes arrivés en ce lieu au nom de Dieu.

Ceci est donc tout ce que peut faire Dieu, le Dieu blanc. S'il en est ainsi, alors il est temps de Le remplacer — de Le remplacer par quoi ? Et ce vide, ce désespoir, ce tourment sont ressentis partout, des rues de Stockholm aux églises de la Nouvelle-Orléans et aux trottoirs de Harlem.

Dieu est noir. Tous les Noirs appartiennent à l'Islam. Ils sont le peuple élu et l'Islam gouvernera le monde. Le rêve, le sentiment sont de toujours. Seule la couleur est nouvelle. Et c'est ce rêve, cette éventualité délicieuse que des milliers d'hommes et de femmes noirs opprimés, après avoir entendu le prédicateur musulman, emportent, par les rues bruyantes et sombres de leur ghetto, dans les taudis où tant des leurs ont péri. Le Dieu blanc ne les a pas délivrés. Peut-être le Dieu noir les délivrera-t-il ?

Lorsque je me trouvais à Chicago l'été dernier, l'Honorable Elijah Muhammad m'invita à dîner chez lui. Il habite un imposant hôtel particulier du South Side [1] qui est en même temps le siège du mouvement de la Nation d'Islam. Je n'étais pas du tout allé à Chicago pour rencontrer Elijah Muhammad — je ne pensais pas du tout à lui, — mais dès que je reçus son invitation je me rendis compte que j'aurais dû l'attendre. En un sens je dois cette invitation à l'incroyable, abyssale et, au fond, lâche sottise des progressistes blancs. Que ce soit dans des

1. Quartier noir de Chicago.

discussions publiques ou privées, tous les efforts que j'ai pu faire pour expliquer les origines du mouvement musulman noir et les raisons de son succès ont été accueillis avec une indifférence révélatrice du peu de rapport qui existe entre les positions apparentes des progressistes et leurs réactions profondes, entre, même, ce qu'ils savent et ce qu'ils sont, révélatrice finalement de leur compétence à parler ou à agir sur ou en faveur du Noir en tant que symbole ou victime, mais de leur incapacité à voir un homme en lui.

Lorsque Malcom X., qui est considéré comme le numéro deux du mouvement et son dauphin, fait remarquer que personne ne cria à la violence lorsque, par exemple, les Israéliens luttèrent pour la reconquête d'Israël et qu'en fait on ne crie à la violence que lorsque des Noirs indiquent qu'ils vont lutter pour leurs droits, il dit vrai. Les conquêtes anglaises, qui toutes furent marquées par des effusions de sang, constituent précisément une grande partie de ce à quoi pensent les Américains lorsqu'ils parlent de la grandeur de l'Angleterre. Aux États-Unis la violence et l'héroïsme sont devenus synonymes sauf lorsqu'il s'agit des Noirs, et la seule façon de mettre à mal la théorie de Malcom X. est de la reconnaître comme exacte puis de se demander pourquoi elle l'est. On ne peut répondre aux affirmations de Malcom par des allusions aux succès de la N.A.A.C.P. [1] entre autres bonnes raisons parce que bien rares sont les progressistes qui ont la moindre notion de tout le temps, l'argent et le mal qu'il faut pour rassembler des preuves qu'on puisse utiliser devant un tribunal, et de la durée de ces batailles judiciaires. Des allusions aux « sit-in movements [2] » des étudiants ne constituent pas non plus une réponse, ne serait-ce que parce que tous les Noirs ne sont pas des étudiants et qu'ils n'habitent pas tous le Sud. Pour ma part je me refuse en tout cas à dénier la vérité des affirmations de Malcom uniquement parce que je ne le suis pas dans ses conclusions ou afin de calmer la conscience des progressistes. La situation est aussi grave que l'affirment les Musulmans, en fait elle l'est davantage encore et les Musulmans ne font rien pour l'améliorer — mais il n'y a aucune raison pour qu'on exige des Noirs qu'ils soient plus patients, plus résignés ou moins aveugles que les Blancs. C'est en fait tout l'opposé. La non-violence est considérée comme une vertu chez les Noirs — je ne parle pas maintenant de sa valeur du point de vue racial, une tout autre

1. Ligue nationale pour le progrès des gens de couleur. Puissante et ancienne organisation charitable qui s'efforce en particulier de lutter par des moyens juridiques contre les mesures de discrimination exercées envers les Noirs.

2. Occupation non violente de restaurants et autres lieux fermés aux Noirs.

question — uniquement parce que les Blancs répugnent à se voir menacés dans leurs vies, dans l'idée qu'ils se font d'eux-mêmes ou dans leurs biens. On aimerait les entendre le reconnaître plus souvent. A la fin d'un programme de télévision auquel Malcom X. et moi-même participâmes, Malcom fut interpellé par un spectateur blanc qui lui demanda : « Je possède mille dollars et une acre de terre. Qu'est-ce qui va m'arriver ? » Je fus impressionné par la franchise de la question de cet homme, mais je n'entendis pas la réponse de Malcom parce que j'étais en train d'essayer d'expliquer à quelqu'un d'autre qu'il ne servait pas à grand-chose d'établir des parallèles entre la situation des Irlandais il y a un siècle et celle des Noirs aujourd'hui. Des Noirs furent amenés dans les fers en Amérique bien avant que les Irlandais n'aient songé à quitter l'Irlande. Quelle consolation peut-on tirer de s'entendre dire que des émigrants arrivés — volontairement — bien après vous, ont beaucoup mieux réussi que vous ? Dans le hall, tandis que j'attendais l'ascenseur, quelqu'un me serra la main et me dit : « Adieu monsieur James Baldwin. Bientôt nous vous appellerons monsieur James X. » Et pendant quelques pénibles secondes je me dis : « Mon Dieu, si tout cela ne change pas bientôt, vous dites probablement vrai. » Elijah Muhammad avait, je pense, vu ce programme. C'est pourquoi, tard un chaud dimanche après-midi, je me présentai à sa porte.

J'étais intimidé parce que j'avais pratiquement été mandé par un monarque. Mais l'angoisse que j'éprouvais avait aussi une autre origine. Je savais comment luttent en moi la tendresse et l'ambition, la douleur et la colère et l'horrible écartèlement que je subis entre ces extrêmes — mes constants efforts pour choisir le mieux plutôt que le pire. Mais le choix auquel je procède est un choix en termes d'un mieux personnel, subjectif (je suis, après tout, un écrivain) ; avait-il la moindre signification en termes d'un pire social ? Devant moi le South Side, un million d'êtres humains en captivité, s'étendait du seuil de cette maison jusqu'à perte de vue. Et ces gens ne lisent même pas. Dans la misère les gens ne trouvent ni énergie ni temps. Autant qu'il est possible de s'en rendre compte, les populations prospères qui pourraient leur venir en aide ne lisent pas non plus. Elles se contentent d'acheter des livres et de les dévorer mais pas afin d'apprendre ; afin d'apporter une certaine variété aux airs qu'ils se donnent. Je savais aussi qu'une fois entré dans cette maison je ne pourrais plus fumer ni boire, et le paquet de cigarettes dans ma poche me donnait mauvaise conscience, comme bien des années auparavant lorsque mon camarade m'avait emmené pour la première fois dans son église. J'étais une demi-heure en retard, m'étant perdu en route, et me sentais tout à fait comme un écolier qui mérite d'être grondé.

Le jeune homme qui m'ouvrit — il devait avoir une trentaine d'années et ses beaux traits étaient éclairés d'un sourire — ne parut pas m'en vouloir de mon retard ; il me conduisit dans une pièce de vastes dimensions. Dans un coin étaient assises une demi-douzaine de femmes, toutes vêtues de blanc ; elles paraissaient n'avoir d'yeux que pour un beau bébé, le fils, apparemment, de la plus jeune d'entre elles. De l'autre côté de la pièce se tenaient sept ou huit hommes, jeunes, vêtus de sombre, tous très à leur aise et tous pleins de prestance. Le soleil éclairait la pièce de cette lumière calme dans laquelle baignent les demeures de nos premiers souvenirs d'enfance et qu'on ne retrouve plus tard que dans ses rêves. Je me rappelle combien j'avais été frappé par ce calme, cette aisance, cette paix, ce bon goût. On me présenta et ils me saluèrent avec une cordialité et un respect sincères, et leur respect augmenta encore ma frayeur car il signifiait qu'on attendait de moi quelque chose qu'au fond de mon cœur je savais que, dans leur intérêt même, je ne pouvais pas leur donner ; puis nous nous assîmes. Elijah Muhammad n'était pas dans la pièce. La conversation n'était pas très animée mais pas aussi guindée cependant que je l'avais redouté. Ils en gardèrent l'initiative car je ne savais pas quels thèmes je pouvais légitimement aborder. Ils en connaissaient plus à mon sujet, avaient lu davantage de ce que j'ai pu écrire que je ne l'avais imaginé et je me demandais ce que tout cela représentait pour eux, en quoi ils pensaient que je pourrais leur être utile. Les femmes continuaient à parler entre elles à demi-voix. Il me parut qu'elles n'étaient pas censées participer aux conversations masculines. Un certain nombre d'entre elles, sans doute occupées aux préparatifs du dîner, entraient et sortaient continuellement de la pièce. Nous autres hommes ne poussâmes très loin aucun des sujets de conversation que nous abordâmes car, manifestement, nous attendions tous qu'apparaisse Elijah. Bientôt les hommes quittèrent la pièce chacun à leur tour puis revinrent. On me demanda alors si je souhaitais me laver les mains et moi aussi je me rendis au cabinet de toilette à l'autre extrémité du vestibule. Peu après que je fus revenu nous nous levâmes et Elijah apparut.

Je ne sais pas à quoi je m'étais attendu. J'avais lu certains de ses discours, entendu des fragments d'autres à la radio et à la télévision, aussi l'associais-je avec une notion de férocité. Mais non, l'homme qui venait de pénétrer dans la pièce était petit, mince, de proportions véritablement très délicates, avec un visage fin, de grands yeux chaleureux et un sourire très attachant. Quelque chose entra dans la pièce en même temps que lui, la joie de ses disciples à le voir, la sienne à les voir. C'était le genre de rencontre qu'on a plaisir à observer simplement parce qu'il est si rare que des gens soient heureux de se trouver ensemble. Il taquina les femmes, paternellement, sans l'ombre de cette onctueuse et ignoble galanterie dont j'avais vu tant d'exemples dans d'autres sectes, et elles réagirent sur le même mode avec une grande liberté et pourtant avec un immense et tendre respect. J'étais sûr qu'il m'avait vu lorsqu'il était entré, bien qu'il n'eût pas regardé de mon côté. Il me semblait, tandis qu'il parlait et riait avec les autres, auxquels je ne pouvais penser que comme à ses enfants, qu'il était en train de me sonder, de prendre une décision. Et puis il se tourna vers moi avec son merveilleux sourire et me ramena près de vingt-quatre ans en arrière, au moment où cette femme m'avait demandé « à qui est ce petit garçon ? ». Je ne réagis pas de la même façon qu'alors parce qu'il y a certaines choses — peu nombreuses, hélas — qu'on ne saurait faire qu'une fois. Mais je reconnus les sentiments qu'il m'inspira, la façon dont je fus attiré par son exceptionnelle autorité, ce sourire qui promettait de retirer de mes épaules le fardeau de ma vie. CONFIE TES

SOUCIS AU SEIGNEUR ET TU EN SERAS À JAMAIS DÉBARRASSÉ. La dominante du visage d'Elijah est la douleur — et son sourire en témoigne — une douleur si ancienne et si profonde et si tragique qu'elle ne gagne ses qualités distinctives que lorsqu'il sourit. On aimerait savoir quelle sorte de voix il aurait s'il savait chanter. Il se tourna vers moi, me sourit et dit, à peu près : « J'ai beaucoup de choses à vous expliquer mais nous attendrons d'être assis. » Et je ris. Il me faisait penser à ce que mon père et moi aurions pu être, eussions-nous été amis.

Dans la salle à manger étaient dressées deux longues tables. Les hommes étaient assis à l'une, les femmes à l'autre. Elijah présidait notre table et je me trouvais à sa gauche. Je me souviens à peine de ce qu'on nous servit, mais la nourriture était abondante, saine et simple. Si saine et si simple en fait que je m'en sentis horriblement décadent et qu'il me semble que, du coup, je bus deux verres de lait. Elijah me dit qu'il m'avait vu à la télévision et ajouta qu'il lui semblait que j'avais encore échappé aux lavages de cerveau et essayais de devenir moi-même. Il y avait quelque chose de magnétique dans sa façon de parler tandis qu'il me disait ces choses, ses yeux plantés dans les miens et une de ses mains recouvrant à moitié ses lèvres comme s'il s'efforçait de dissimuler une mauvaise dentition. Mais ses dents n'étaient pas abîmées. Puis je me souvins qu'on m'avait dit qu'il avait fait de la prison. Sans doute voudrais-je en effet devenir moi-même, quoi que cela signifie, mais je savais qu'Elijah donnait à cette expression un sens différent de celui que j'aurais pu lui donner. Je répondis que oui, que j'essayais de devenir moi-même, mais je ne savais pas quoi dire d'autre à ce propos, aussi attendis-je.

Chaque fois qu'Elijah ouvrait la bouche une espèce de chœur autour de la table répondait : « Oui, c'est vrai. » Ceci commença à m'agacer. Et Elijah lui-même avait une autre manie exaspérante, celle de vous adresser ses questions et commentaires par ricochet. Par exemple se tournant vers son voisin de droite il se mit à parler des démons blancs en compagnie de qui j'avais participé à ce dernier programme de télévision : Quelle impression avaient-ils fait sur *lui* (moi) ? Je ne pouvais pas répondre à cette question et n'étais d'ailleurs pas absolument certain que j'avais à le faire. Les gens à qui il faisait allusion avaient certainement provoqué en moi un terrible sentiment d'exaspération et de futilité, mais je ne les considérais pas comme des démons. Elijah parlait maintenant des crimes commis par les Blancs, chacune de ses phrases ponctuées des sempiternels : « Oui, c'est vrai. » Un des convives remarqua : « Le Blanc est vraiment démoniaque. Ce qu'il fait le prouve bien. » Je tournai la tête. Ceci avait été dit par un très jeune homme, presque un adolescent, très sombre, très réservé, plein d'amertume. Elijah parla alors de la religion chrétienne, des chrétiens, du même ton d'ironie voilée. Je commençai à me rendre compte que c'est de sa conviction qu'Elijah tire sa force. Il n'y a rien d'affecté en lui. Il croit sincèrement à tout ce qu'il dit. Selon lui je ne parvenais pas à me rendre compte du caractère démoniaque des Blancs uniquement parce que j'avais été trop longtemps exposé à la contamination du système d'instruction blanc et que je n'avais jamais reçu le véritable enseignement. Ce n'est qu'à cause de l'existence du « nègre dit américain » qu'Allah n'a pas mis plus tôt un terme à l'existence des États-Unis. L'homme blanc aurait dû disparaître en 1913 mais Allah a voulu que cette nation noire égarée — le peuple noir de ce pays — soit reprise à ses maîtres blancs et rendue à sa véritable foi, l'Islam. Jusqu'à ce que ceci soit accompli, et ce le sera très bientôt, il a été sursis à la destruction totale des Blancs. La mission d'Elijah est de ramener les « nègres dits américains » à l'Islam, de séparer les élus d'Allah de cette nation maudite. D'ailleurs l'homme blanc connaît son histoire, a conscience d'être un démon et sait que ses jours sont comptés et toute sa technologie, psychologie, science et « trucnologie » sont mobilisées dans la lutte pour empêcher les hommes noirs d'apprendre la vérité. La vérité étant qu'à l'origine des temps il n'y avait pas un seul visage blanc par tout l'univers. Les Noirs gouvernaient le monde et les Noirs étaient parfaits. Ceci s'applique à l'ère que les Blancs décrivent maintenant comme préhistorique. Ils veulent que les Noirs croient qu'il fut un temps où eux aussi, comme les Blancs, vivaient dans des cavernes, se balançaient aux arbres, mangeaient de la viande crue et ne pouvaient pas parler. Mais ceci est faux. Les hommes noirs n'ont jamais connu ces conditions. Allah permit au Démon, par le truchement de ses savants, de procéder à des expériences infernales dont le résultat final fut la création de ce démon connu sous le nom d'homme blanc et bientôt, calamité plus terrible encore, de celle de la femme blanche. Et il fut décidé que ces monstrueuses créatures gouverneraient le monde pendant un certain nombre d'années — je ne sais plus combien, mais, quoi qu'il en soit, cette période touche à sa fin et Allah, qui de toute façon avait toujours été hostile à la création d'un homme blanc et qui le sait être en réalité non pas un homme mais un démon, souhaite voir restauré ce règne de paix anéanti par la venue au pouvoir de l'homme blanc. L'homme blanc est donc par définition entièrement dépourvu de vertu et puisqu'il est une créature entièrement distincte et ne saurait pas davantage, par croisement, devenir noir qu'un chat par croisement n'est susceptible de devenir cheval, sa cause est désespérée.

Il n'y a rien de nouveau dans ce système implacable sinon le caractère explicite de ses symboles et la candeur de sa haine. Ses accents passionnés me sont aussi familiers que mon propre visage. Ce n'est qu'une autre façon d'affirmer que « *les pécheurs connaîtront les flammes de l'enfer éternel* ». Qu'aux yeux des Noirs américains les pécheurs aient toujours été blancs, c'est là une vérité sur laquelle il n'est pas besoin de s'attarder et chaque Noir américain en conséquence est menacé de paranoïa. Dans une société qui vous est absolument hostile et qui par sa nature même semble résolue à vous persécuter, qui a persécuté tant des vôtres dans le passé, en persécute un si grand nombre chaque jour, il devient presque impossible de distinguer les actes véritablement hostiles de ceux qu'on imagine l'être. Il arrive qu'on renonce très vite à faire cette distinction et, plus grave encore, qu'on y renonce inconsciemment. Je vois maintenant d'un même œil tous les portiers et tous les policiers par exemple, et l'attitude que j'ai adoptée à leur égard est destinée à les intimider avant qu'ils m'intimident. Sans doute je me rends ainsi coupable de certaines injustices, mais je n'ai pas le choix puisque je ne saurais prendre le risque de miser sur la très improbable éventualité où ces hommes donneraient à leur qualité d'homme la primauté sur leur uniforme.

La plupart des Noirs ne peuvent miser sur l'éventualité d'une primauté donnée par les Blancs à leur qualité d'homme sur leur couleur. Et ceci mène imperceptiblement mais inévitablement à un état d'esprit dans lequel, ayant appris depuis longtemps à s'attendre au pire, on en vient très facilement à croire au pire. Il est impossible de trop insister sur la bestialité avec laquelle les Noirs sont traités dans notre pays, même si les Blancs répugnent à en entendre parler. Pour commencer, et on ne saurait trop insister sur ce sujet non plus, un Noir ne peut pas croire que les Blancs soient capables de le traiter comme ils le traitent ; il ne sait pas ce qu'il a fait pour mériter chose pareille. Et lorsqu'il se rend compte que la façon dont on le traite n'a rien à voir avec ce qu'il a pu faire, que les efforts des Blancs pour le liquider — car c'est de cela qu'il s'agit — sont absolument gratuits, il n'a pas beaucoup de mal à prendre les Blancs pour des démons. Les mots manquent presque complètement pour décrire tout ce qu'il y a d'horrible dans la vie du Noir américain. Ce qu'il y a de particulier dans son expérience et ce pourquoi on commence seulement à trouver des mots — que les langues officielle et populaire nient ou ignorent (d'où l'argot des Noirs) — rend plus convaincant tout système qui s'efforce de le clarifier. Et, en fait, la vérité quant à l'homme noir en tant qu'entité historique et en tant qu'être humain lui a été cachée délibérément, cruellement. La puissance du monde blanc est menacée chaque fois qu'un Noir refuse d'accepter les définitions imposées par le monde blanc. Aussi aucun effort n'est épargné pour humilier ce Noir et ceci est aussi vrai aujourd'hui qu'hier. Qui donc pourra déterminer de façon convaincante l'origine précise de tant d'angoisse et de tant de mal ? Est-il donc si impossible que tout ait commencé avec l'homme noir et qu'il ait été parfait, particulièrement puisque c'est précisément là ce que les Blancs revendiquent pour leur propre compte depuis si longtemps ? Il est en outre maintenant absolument avéré que les Blancs sont en minorité dans le monde et ce dans de telles proportions qu'ils ont aujourd'hui plutôt l'air d'une découverte et qu'ils ne peuvent plus espérer le dominer plus longtemps. S'il en est ainsi, n'est-il pas également possible qu'ils aient atteint la position dominante qui est encore la leur par la fourberie, le crime contre la volonté du ciel plutôt que, comme ils l'affirment, par sa volonté ? Et si cela est vrai, alors l'épée dont ils se sont si longtemps servis contre les autres peut désormais, et impitoyablement, être retournée contre eux. On peut difficilement compter sur les témoins célestes et quiconque se trouve le plus proche du ciel à un certain moment exploite leurs dépositions. Et la légende et la théologie qui furent conçues pour sanctifier nos craintes, nos crimes et nos aspirations les montrent également sous leur vrai jour.

Je dis enfin en réponse à une question en ricochet : « J'ai quitté l'Église il y a maintenant vingt ans et je ne me suis depuis associé à aucun mouvement », ce qui était ma façon de dire que je n'avais pas l'intention de me joindre au leur non plus. « Et qu'êtes-vous maintenant ? » voulut savoir Elijah. J'étais quelque peu coincé car je ne savais vraiment pas quoi dire. Je me refusais à me laisser aller par panique à dire que j'étais chrétien. « Moi ? Maintenant ? Rien. » Cela ne suffisait pas. « Je suis un écrivain, j'aime à faire cavalier seul. » Je m'entendis dire cela. Elijah me sourit. « En tout cas, finis-je par ajouter, cela ne me préoccupe pas énormément. » Elijah dit à son voisin de droite : « Cela devrait pourtant être son unique préoccupation », et toute la tablée n'aurait pas pu être plus d'accord. Mais il n'y avait là ni hostilité ni censure. J'étais oppressé par le sentiment qu'*ils* savaient que je ne pouvais manquer de devenir un des leurs, mais que je n'en avais pas encore pris conscience, que je n'étais pas encore prêt et qu'ils n'avaient qu'à attendre patiemment, avec confiance, que je découvre la vérité pour mon propre compte. Car après tout existait-il pour moi d'autres issues ? J'étais Noir et par conséquent appartenais à l'Islam et, que je le veuille ou non, échapperais donc à l'holocauste qui guettait le monde blanc. A quoi rimaient mes pauvres scrupules de brebis égarée devant la parole de fer du prophète ?

J'avais l'impression d'être revenu dans la maison de mon père — et en un sens j'y étais revenu — et je dis à Elijah que je ne voyais, moi, aucun inconvénient à ce que Noirs et Blancs se marient entre eux et que j'avais de nombreux amis blancs. Il ne me resterait, si les choses en venaient là, qu'à périr avec eux, car me dis-je à moi-même mais pas à Elijah : « Il y a quelques êtres que j'aime et qui m'aiment et certains d'entre eux sont blancs et l'amour n'est-il pas une chose plus importante que la couleur de la peau ? » Elijah me considéra avec beaucoup de bonté et d'affection et aussi beaucoup de pitié, comme s'il pouvait lire dans mon cœur, et fit remarquer d'un air sceptique que peut-être avais-je des amis blancs ou le croyais-je et que peut-être faisaient-ils de leur mieux pour se comporter convenablement — maintenant — mais que leur heure avait sonné. C'était presque comme s'il avait dit : « Ils ont eu leur chance, mon vieux, mais ils l'ont laissée passer ! » Je jetai un coup d'œil à mes commensaux. Je n'avais certes pas à ma disposition d'arguments suffisamment convaincants pour l'emporter sur l'autorité d'Elijah ou sur ce que leurs propres vies leur avaient appris ou sur ce qu'ils pouvaient voir dans les rues autour de la maison. Bien sûr je connaissais deux ou trois personnes blanches entre les mains desquelles j'aurais placé ma vie sans hésitation, et quelques autres, blanches également, qui luttaient de tout leur cœur, de toutes leurs forces et au prix de beaucoup de peines et de grands risques pour rendre ce monde plus humain. Mais comment leur dire cela ? Ce n'est pas à coups d'arguments qu'on peut transformer l'expérience d'une vie, changer des décisions, modifier des convictions. Toutes les preuves que je pourrais verser au dossier seraient rejetées par la Cour comme étant sans rapport avec le fond même de l'affaire car je ne pouvais faire état que d'exceptions. Le South Side était preuve suffisante du bien-fondé de l'acte d'accusation, l'état du monde était preuve suffisante du bien-fondé de l'acte d'accusation. Tout le reste, aussi loin qu'il était possible de remonter le cours du temps, n'était que l'histoire de ces êtres d'exception qui avaient tenté de changer le monde et avaient échoué. Était-ce la vérité cependant ? Avaient-ils échoué ? Était-il possible d'arriver à un jugement objectif en ce domaine ? Car il semblait qu'une certaine catégorie de ces êtres d'exception ne manquait jamais d'aggraver encore l'état du monde. Cette catégorie précisément pour qui la force a plus de réalité que l'amour. Et pourtant la force existe, elle aussi, et bien des choses, y compris très souvent l'amour, ne sauraient être obtenues sans elle. De la façon la plus bizarre du monde j'eus une très brève vision de ce à quoi s'exposent des Blancs qui à un dîner en ville essayent de prouver que les Noirs ne sont pas des êtres inférieurs. J'avais après tout failli dire : « Prenez par exemple mon amie Marie » et il s'en était fallu de très peu que je me lance dans le catalogue de ces vertus qui donnaient à Marie le droit à la vie. Qu'espérais-je donc ? Qu'Elijah et les autres opinent gravement du bonnet et disent, sinon pire : « Eh bien, *elle* peut-être... mais LES AUTRES. » Et je regardai encore une fois les jeunes visages autour de la table, puis de nouveau Elijah qui était en train d'expliquer que jamais dans l'histoire aucun peuple qui n'était en possession de son propre territoire n'était arrivé à se faire respecter. « Oui, c'est vrai », dit la tablée. Je ne pouvais dénier cela. Car tous les autres, ont, sont, une nation avec son propre territoire et un drapeau — même, aujourd'hui, les Juifs. Seul « le Nègre dit américain » reste pris au piège, déshérité, méprisé dans un pays qui l'a gardé en servage pendant près de quatre siècles et est encore incapable de le traiter comme un être humain. Et les Musulmans noirs et bien d'autres qui ne sont pas Musulmans ne souhaitent plus être acceptés, s'ils doivent l'être jamais, avec tant de répugnance et si tardivement. Cette fois-ci encore on ne saurait nier que ce point de vue trouve ample justification dans l'histoire des Noirs américains. On a le droit d'éprouver de l'amertume à avoir dû attendre si longtemps, chapeau à la main, que les Américains deviennent assez grands pour se rendre compte que vous ne constituez pas une menace pour eux. Mais d'un autre côté comment les Nègres américains pourraient-ils se constituer en une nation indépendante ? Car c'est là, semble-t-il — et pas seulement du point de vue musulman — leur seul espoir de ne pas être engloutis dans le marais américain et d'être totalement et à jamais oubliés comme s'ils n'avaient jamais existé et que leurs peines eussent été totalement vaines.

La conviction d'Elijah, l'isolement plein d'amertume et la révolte de ces jeunes gens, le désespoir des rues du South Side m'amenèrent à envisager vaguement ce qui peut paraître aujourd'hui un phantasme, bien qu'à une époque aussi fantastique j'y regarderais à deux fois avant de dire de quoi que ce soit que c'est un phantasme.

Supposons que les Musulmans obtiennent les

six ou sept États qui selon eux sont dus aux Noirs par les États-Unis comme « arriérés » du travail des esclaves. Manifestement les États-Unis n'abandonneront jamais ces territoires à aucune condition à moins qu'ils se trouvent dans l'impossibilité, pour quelque raison que ce soit, de s'y maintenir, à moins c'est-à-dire que les États-Unis perdent leur présent rang de grande puissance mondiale de la même façon et avec la même rapidité que l'Angleterre quand elle a dû abandonner son empire. Il n'est simplement pas vrai, et l'état de ses anciennes colonies le prouve, que l'Angleterre « ait toujours eu l'intention de s'en aller ». Si ces États étaient des États du Sud — ce que les Musulmans semblent souhaiter — les frontières d'une Amérique latine hostile seraient pratiquement remontées jusqu'à, disons, le Maryland. Des frontières maritimes des États-Unis, l'une serait située vis-à-vis d'une Europe impuissante, l'autre d'un Orient jaune auquel on ne saurait se fier. Au nord, au-delà du Canada, il n'y aurait que l'Alaska qui est une marche russe. Il en résulterait que les populations blanches des États-Unis et du Canada se trouveraient isolées sur un continent hostile tandis que le reste du monde blanc serait probablement peu désireux et certainement incapable de leur venir en aide. Tout ceci, à mon sens, n'est pas la plus imminente des éventualités mais si j'étais Musulman noir ce serait l'éventualité qui serait au centre de mes pensées et de mes ambitions. Et si j'étais Musulman noir je n'hésiterais pas à exploiter, voire même à exaspérer le mécontentement social et moral qui règne ici, car en mettant les choses absolument au pire je n'aurais jamais que contribué à la destruction d'une demeure que j'abhorre. Et tant pis si je devais en périr moi aussi. Des gens périssent ici depuis si longtemps.

Et à quoi pensaient les gens autour de la table ? « Me voici, dit Elijah, pour vous donner quelque chose qu'on ne pourra jamais vous reprendre. » Quelle solennité s'abattit alors sur la table et quelle profonde lumière éclaira soudain ces visages sombres. C'est là le message qui s'est répandu parmi les rues, les taudis, les prisons, à travers les services de toxicomanes et par-delà l'ignominie et le sadisme des asiles d'aliénés jusqu'à un peuple à qui on a tout pris, y compris, et c'était là le plus essentiel, le sentiment qu'il avait de sa propre dignité. Les hommes ne peuvent vivre sans ce sentiment ; et ils feront absolument n'importe quoi pour le retrouver... C'est pourquoi la plus dangereuse création de toute société, quelle qu'elle soit, est l'homme qui n'a plus rien à perdre. Point n'est besoin de dix de ces hommes-là. Un seul fera l'affaire. Et Elijah, j'imagine, n'a plus eu rien à perdre depuis le jour où il a vu le sang de son père jaillir, couler et, à travers les feuilles d'un arbre, ainsi du moins l'assure la légende, l'éclabousser. Mais ces autres hommes, autour de la table, n'avaient eux non plus rien à perdre. « Retournez à votre vraie religion », a écrit Elijah. « Débarrassez-vous des chaînes du négrier, ce démon, et retournez au bercail. Cessez de boire son alcool, de prendre ses drogues — protégez vos femmes — et ne touchez plus au porc impur. » Je me souvins de mes camarades de bien des années auparavant, dans les entrées d'immeubles, avec leur vin et leur whisky et leurs larmes ou, toujours dans ces entrées, pétrifiés par la drogue; et de la remarque de mon frère : « Si Harlem ne comptait pas tant de camés et d'églises, le sang coulerait dans les rues. » *Protégez vos femmes :* chose difficile dans une civilisation sexuellement si pitoyable que la virilité de l'homme blanc exige la négation de celle des Noirs. *Protégez vos femmes* dans une civilisation qui émascule le Blanc, avilit la femme et dans laquelle, en outre, l'homme est forcé de dépendre de la femme pour le pain qu'il mange. *Protégez vos femmes :* devant la vantardise du Blanc — « M'est avis qu'on vous rend service en pompant un peu de sang blanc dans vos mômes », — et confrontés au fusil de chasse au Sud et à la matraque au Nord. Il y a des années nous disions : « Oui, je suis nègre, nom de nom, et je suis beau » par défi, dans le

vide. Mais maintenant des rois e[illegible] o
cains ont fait leur entrée dans ce[illegible]
droit hors du passé qu'on met main[illegible]
service de la force, et le noir est deve[illegible]
belle couleur non pas parce qu'on l'aime n[illegible]
parce qu'on la craint. Et qu'on n'oublie pas cette fièvre qui brûle les Noirs américains. Maintenant qu'ils voient ailleurs les hommes noirs gagner en stature et en puissance, la promesse enfin tenue qu'ils pourront marcher sur terre avec la même assurance que les Blancs, protégés par le pouvoir que les Blancs n'auront plus, suffit, et amplement, à vider les prisons et à faire tomber Dieu de son trône céleste. Cela s'est déjà produit bien des fois, bien avant qu'on songe même à parler de races, et l'espoir d'une vie éternelle a toujours été une métaphore pour cet état de grâce-là. Comme dit la chanson :

Je suis sûre que ma soutane va très bien m'aller,
C'est aux portes de l'enfer que je l'ai essayée.

Il était temps de prendre congé et, debout dans le grand salon, nous nous disions bonsoir, étrangement oppressés par notre incapacité à nous entendre. Je ne pouvais pas m'empêcher de penser qu'à leurs yeux comme aux miens j'avais subi un échec ou que je n'avais pas su entendre un avertissement. Elijah me serra la main et me demanda où j'allais. Où que ce fût, n m'y conduirait « parce que lorsque nous invitons quelqu'un ici, me dit-il, nous estimons que c'est notre devoir de le protéger des démons blancs jusqu'à ce qu'il soit arrivé là où il va ». Il se trouvait que j'allais boire un verre avec plusieurs démons blancs, à l'autre bout de la ville. Je dois avouer que pendant une fraction de seconde j'hésitai à donner l'adresse — une adresse qui, à Chicago comme dans toutes les villes américaines, ne pouvait être qu'une adresse blanche étant donné son quartier. Mais je la donnai et Elijah m'accompagna jusqu'au perron et un des jeunes gens disparut à la recherche de la voiture. J'éprouvais un sentiment très étrange à me trouver à côté d'Elijah pendant ces quelques instants avec, en face de nous, ce quartier si vivant, si brutal, si complexe. Je me sentais très proche de lui et souhaitais sincèrement pouvoir l'aimer et l'honorer comme un témoin, un allié et un père. Il me semblait que je pouvais comprendre sa souffrance, sa rage et même, oui, sa beauté. Et pourtant, précisément à cause de la présence et de la nature de ce quartier, à cause de ce qu'il considérait comme son devoir et ce qui m'apparaissait être le mien, nous serions toujours des étrangers et peut-être un jour des ennemis. La voiture arriva, d'un bleu scintillant, métallique, violemment américain, et de nouveau Elijah me serra la main et me souhaita bonne nuit. Il rentra dans sa grande maison et referma la porte.

Le conducteur et moi-même commençâmes notre randonnée à travers l'obscurité murmurante de Chicago, étrangement belle à cette heure. Nous longions le lac. Nous en revînmes à la discussion sur les territoires. Comment nous Noirs pourrions-nous obtenir ces territoires ? Je posai cette question au garçon soucieux qui, plus tôt à table, avait dit que le caractère démoniaque des Blancs était bien révélé par leurs actions. Il fit d'abord mention des temples musulmans maintenant en construction dans différentes régions des États-Unis, du succès du mouvement auprès des masses, de l'argent dont chaque année disposent les Noirs — quelque chose de l'ordre de vingt milliards de dollars. « Rien que ceci suffit à montrer notre force », dit-il. Mais, insistai-je, prudemment et dans des termes un peu différents, ces vingt milliards de dollars, puisque vingt milliards de dollars il y a, font partie intégrante de l'économie totale des États-Unis. Et qu'arrivera-t-il quand les Noirs se seront détachés de cette économie ? Même si on ne tient pas compte du fait qu'avant qu'on en arrive là l'économie des États-Unis aura dû subir des modifications radicales et sûrement désastreuses, le pouvoir d'achat du Noir américain ne sera certainement plus le même. Sur quoi alors reposera l'économie de cette nation distincte ? Le garçon me décocha un regard assez étrange. « Je ne dis pas que cela ne peut pas se faire », ajoutai-je précipitamment. « Tout ce que je voudrais savoir c'est comment le faire. » Pour atteindre un tel but, pensai-je, il vous faudra modifier radicalement toutes vos habitudes de pensée et renoncer à bien des choses que vous êtes à peine conscients de posséder. Les choses auxquelles je pensais, comme par exemple ce soi-disant élégant tas de fer-blanc dans lequel nous roulions, n'avaient pas grande valeur à mes yeux, mais sans elles la vie ne serait pas la même et je me demandais s'il avait pensé à ça.

Et pourtant est-il possible de rêver de puissance autrement qu'en termes des symboles de cette puissance ? Ce garçon se rendait compte que la liberté dépend de la possession de terre ; il était convaincu de la nécessité pour les Noirs d'acquérir cette terre d'une manière ou d'une autre. D'ici là il pouvait marcher par les rues sans avoir rien à craindre de personne, car il était un parmi des millions qui comme lui allaient d'un moment à l'autre, maintenant, prendre possession du pouvoir. Bref, il vivait dans un rêve — bien qu'il soit sage de ne pas oublier que certains rêves se réalisent — et était uni avec ses « frères » par leur couleur commune. Peut-être ne peut-on pas demander davantage. Les hommes semblent toujours se grouper selon un principe qui n'a rien à voir avec l'amour, un principe qui les dégage de toute responsabilité personnelle.

Et pourtant j'aurais souhaité que le mouvement musulman eût été capable d'inculquer aux populations noires démoralisées un sens plus véritable et plus personnel de leur propre valeur, de façon que les Noirs des ghettos du Nord puissent commencer de façon concrète, et même s'il devait beaucoup leur en coûter, à remédier à leur situation. Mais pour modifier une situation il faut d'abord en avoir une vision claire : dans le cas particulier, admettre le fait, quelque usage qu'on en fasse ultérieurement, que le Noir américain est issu de ce pays, qu'il faille ou non s'en féliciter, et n'appartient à aucun autre — pas à l'Afrique et certainement pas à l'Islam. Le paradoxe — et il est effrayant — est que le Noir américain n'a et n'aura d'avenir nulle part, sur aucun continent tant qu'il ne se résoudra pas à accepter son passé. Accepter son passé, son histoire, ne signifie pas s'y noyer; cela signifie apprendre à en faire bon usage. Un passé inventé ne peut servir à rien. Il se fendille et s'écroule sous les pressions de la vie comme l'argile en temps de sécheresse. Et comment faire bon usage du passé du Noir américain? Le prix sans précédent exigé — à cette heure dramatique de l'histoire du monde

— c'est de transcender les réalités raciales, nationales et religieuses.

« En tout cas, me dit tout à coup le garçon après un très long silence, les choses ne seront plus jamais comme avant. Ça j'en suis sûr. » Et nous arrivâmes en territoire ennemi et on me déposa à la porte de l'ennemi.

Personne, apparemment, ne sait d'où vient l'argent de la Nation d'Islam. Les Noirs bien entendu versent de vastes sommes, mais certaines rumeurs affirment que des membres de la société John Birch et certains magnats du pétrole texan encouragent le mouvement. Il m'est impossible de savoir si ces rumeurs sont fondées en aucune manière, mais ces gens insistent tellement sur la nécessité de maintenir les races à part qu'il ne m'étonnerait pas qu'il y ait du feu derrière cette fumée. Quoi qu'il en soit, durant un récent meeting des Musulmans, George Lincoln Rockwell, le leader du Parti nazi américain, tint à verser au moins vingt dollars à la cause, et Malcom X. et lui-même décidèrent qu'en ce qui concernait la question raciale, tout au moins, ils étaient en parfait accord. La glorification d'une race et le dénigrement corollaire d'une autre ou d'autres a toujours été et sera toujours une recette de meurtre. Ceci est une loi absolue. Si on laisse quelqu'un faire subir un traitement particulièrement défavorable à un groupe quelconque d'individus en raison de leur race ou de la couleur de leur peau, on ne saurait fixer de limites aux mauvais traitements dont ils seront l'objet et puisque la race entière a été condamnée pour des raisons mystérieuses il n'y a aucune raison pour ne pas essayer de la détruire dans son intégralité. C'est précisément là ce que les Nazis auraient voulu accomplir. Leur seule originalité repose dans les méthodes qu'ils ont employées. Il ne nous avancerait guère d'essayer de nous souvenir combien de fois le soleil s'est levé sur un massacre des innocents. J'ai beaucoup à cœur de voir les Noirs américains conquérir leur liberté ici aux États-Unis. Mais leur dignité et leur santé spirituelle me tiennent également à cœur et je me dois de m'opposer à toute tentative des Noirs de faire aux autres ce qu'on leur a fait. Il me semble connaître — nous le voyons tous les jours, tout autour de nous — le désert spirituel où mène cette route. C'est là une loi si simple et pourtant apparemment si difficile à comprendre : *Quiconque avilit les autres s'avilit lui-même*. Il ne s'agit pas ici d'une profession de foi mystique mais d'une simple constatation, qui trouve sa confirmation dans le regard de n'importe quel sheriff de l'État d'Alabama — et je voudrais bien ne jamais voir un Noir tomber si bas.

Il est extrêmement douteux, d'autre part, que les Noirs obtiennent jamais le pouvoir aux

États-Unis pour la simple raison qu'ils ne constituent qu'un neuvième de la nation. Leur position n'est pas la même que celle des Africains qui s'efforcent de recouvrer leurs terres, de briser le joug du colonialisme et de se remettre des épreuves subies pendant l'ère coloniale. La situation du Noir américain est dangereuse d'une autre façon à la fois pour le Noir en tant que tel et pour le pays dont il constitue un élément dont l'assimilation est problématique pour les deux parties. Le Noir américain est une entité unique. Il n'a d'homologues nulle part et pas de prédécesseurs. Les Musulmans réagissent à ceci en parlant du « Noir dit américain » et en substituant aux noms hérités de l'esclavage la lettre X. Il est exact que tout Noir américain porte un nom qui appartenait à l'origine au Blanc du bétail duquel il faisait partie. Je m'appelle Baldwin parce que je fus soit vendu par ma tribu africaine, soit volé à elle pour tomber entre les mains d'un chrétien blanc du nom de Baldwin qui me força à m'agenouiller au pied de la croix. Je suis donc visiblement, légalement le descendant d'esclaves dans un pays de protestants blancs et c'est là ce que signifie être un Noir américain, c'est cela qu'il est, un païen, volé, qui fut vendu comme un animal et traité comme un animal, qui fut, à une certaine époque, défini par la Constitution des États-Unis comme « trois cinquièmes » d'un homme et qui, selon la décision de la Cour suprême dans l'affaire Dred Scott, ne jouissait d'aucun droit qu'un Blanc fût légalement tenu de respecter. Et aujourd'hui, cent ans après son émancipation technique, il demeure — à l'exception possible de l'Indien américain — l'être le plus méprisé de ce pays. Or, il n'existe tout simplement aucune possibilité d'une transformation véritable de la situation des Noirs sans que soient transformées radicalement les structures politiques et sociales des États-Unis avec tout ce que cela implique. Et il est évident que les Blancs américains ne répugnent pas simplement à accomplir ces transformations : ils sont, en général, atteints d'une telle apathie qu'ils sont même incapables de les concevoir. Je me dois aussi d'ajouter que les Noirs eux-mêmes ne croient plus en la bonne foi des Blancs — comme si jamais, à dire vrai, ils avaient pu y croire. Ce que les Noirs ont découvert, et à l'échelon international, c'est cette puissance d'intimidation qu'ils ont toujours eue au niveau des relations privées mais que jusqu'ici ils ne pouvaient utiliser que personnellement — à des fins égoïstes souvent, à des fins limitées toujours. Donc lorsque la nation parle d'un « nouveau » Noir, ce qu'elle fait à chaque instant depuis des dizaines d'années, elle ne fait pas véritablement allusion à une transformation des Noirs qu'elle serait en tout cas bien incapable d'apprécier, mais uniquement à une difficulté nouvelle à les maintenir à leur place, au fait qu'elle les retrouve à tout moment en train de boucher de nouvelles perspectives à ses aises spirituelles et sociales. C'est là probablement, aussi étrange et désagréable que cela puisse paraître, la chose la plus importante qu'un être humain puisse faire à un autre — c'est certainement l'une des plus importantes. D'où les misères et la nécessité de l'amour et le rôle énorme que le Noir a joué dans le développement de ce pays aux contours autrement indistincts et aux voies inconnues. En conséquence, les Américains blancs ne se trompent jamais tant que lorsqu'ils croient que les Noirs ont un jour pu imaginer que les Blancs leur « donneraient » quoi que ce soit. Les gens donnent en vérité très rarement. La plupart surveillent et gardent. Ils s'imaginent que c'est eux-mêmes et ce qu'ils identifient avec eux-mêmes qu'ils gardent et surveillent alors que, en vérité, ce qu'ils gardent et surveillent c'est leur conception de la réalité et ce qu'ils se figurent être. On ne saurait absolument rien donner sans se donner soi-même, c'est-à-dire prendre ses risques. Si l'on est incapable de prendre ses risques on est également incapable de donner. Et finalement, on ne saurait donner la liberté à quelqu'un qu'en le rendant libre. Et ceci, dans le cas des Noirs, la République américaine n'a jamais atteint un degré de maturité suffisant pour le faire. Les Américains se sont satisfaits de gestes qu'on évoque maintenant par le terme de « Symbolisme [1] ». Par pénible exemple, les Blancs américains se félicitent de la décision de la Cour suprême de 1954 rendant illégale la ségrégation dans les écoles. Ils imaginent, en dépit de la montagne de preuves du contraire qui s'est accumulée depuis, que c'était là un signe d'une transformation profonde des sentiments du public — ou, comme ils aiment à le dire, de progrès. Peut-être. Cela dépend entièrement de ce qu'on entend par le mot « progrès ». La plupart des Noirs que je connais sont convaincus que cette immense concession n'aurait jamais été accordée sans les surenchères de la guerre froide et le fait que l'Afrique était manifestement en train de se libérer et devait donc, pour des mobiles politiques, être courtisée par les descendants de ses anciens maîtres. S'il s'était agi d'amour ou de justice, la décision de 1954 aurait sûrement été prise plus tôt. Si ce n'avait été pour les réalités du pouvoir en ces temps difficiles, il se pourrait très bien qu'elle n'ait pas encore été prise. Ceci peut paraître une façon extrêmement acerbe de présenter les choses — ingrate pourrait-on dire —, mais les arguments en faveur de cette façon de

1. *Tokenism :* admission symbolique d'un ou de deux Noirs dans des établissements d'enseignement.

voir sont bien difficiles à réfuter. Quant à moi, je ne crois absolument pas qu'ils puissent l'être.

De toute façon, la nature prétentieuse et larmoyante de la bonne volonté américaine rend impossible de s'appuyer sur elle pour chercher des solutions aux problèmes difficiles.

Lorsqu'on a cherché des solutions à ces problèmes, et cela n'a été qu'exceptionnellement, ce ne fut que par nécessité et, en politique en tout cas, la nécessité revient à faire des concessions pour conserver ses prérogatives. Je crois que c'est là un fait qu'il ne sert à rien de dénier. *Que ce soit un fait ou non, c'est en tout cas ce dont sont convaincus les peuples de race noire du monde entier, y compris les Noirs américains.* Le mot indépendance en Afrique et le mot intégration ici sont presque au même degré dépourvus de signification. L'Europe n'a pas encore évacué l'Afrique et les Noirs d'ici ne sont pas encore libres. Et ces deux faits sont incontestables, complémentaires et impliquent pour nous les choses les plus graves. Les Noirs de ce pays n'obtiendront peut-être jamais de responsabilités gouvernementales, ne seront peut-être jamais véritablement au pouvoir, mais ils sont indiscutablement en très bonne position pour sonner le glas du grand rêve américain. Ceci, bien entendu, est conséquence directe de la nature de ce rêve et du fait que nous autres Américains, quelle que soit la couleur de notre peau, n'osons pas l'examiner de près et sommes fort loin de l'avoir réalisé.

Il y a trop de choses nous concernant que nous préférons ignorer. Les gens par exemple ne sont pas particulièrement désireux d'être égaux — égaux, après tout, à qui et à quoi — mais l'idée d'être supérieurs les enchante. Et cette vérité première prend une force particulière ici où il est presque impossible d'affirmer sa personnalité, et où les gens cherchent perpétuellement à trouver leur équilibre sur les sables mouvants de la réussite sociale. Réfléchissez à l'histoire du syndicalisme dans un pays où, moralement parlant, il n'y a pas d'ouvriers mais seulement des candidats à la main de la fille du patron. De plus il ne m'a été donné de rencontrer que bien peu de personnes — et pour la plupart elles n'étaient pas américaines — qui éprouvent un sincère désir d'être libres. La liberté n'est pas chose aisée à supporter. On me reprochera peut-être de parler de liberté politique en termes moraux, mais les institutions politiques d'un pays sont toujours sous la menace et sont, en dernière analyse, dominées par l'état moral de ce pays. Ce qui domine ici c'est, et bien plus que nous ne nous en rendons compte, la confusion, et le grand rêve américain est en conséquence devenu quelque chose qui ressemble bien davantage à un cauchemar sur le plan personnel et sur celui des affaires nationales et internationales.

Personnellement, nos vies telles qu'elles sont nous sont devenues insupportables, mais nous n'osons pas les regarder de près. En politique intérieure nous ne nous considérons plus comme responsables matériellement ni moralement de ce qui se passe dans notre pays. En politique internationale, aux yeux de millions de gens nous sommes l'abomination de la désolation. Si quelqu'un conteste cette dernière affirmation, qu'il ouvre seulement ses oreilles, son cœur, son esprit au témoignage de — par exemple — n'importe quel paysan cubain ou n'importe quel poète espagnol, et se demande ce qu'il penserait de nous si c'était lui qui avait été sacrifié à nos agissements dans le Cuba d'avant Castro ou en Espagne. Nous défendons le rôle étrange que nous jouons en Espagne en évoquant la menace russe et la nécessité de protéger le monde libre. Il ne nous est jamais venu à l'esprit que nous avons été hypnotisés par la Russie et que le seul véritable avantage que la Russie ait sur nous dans ce que nous concevons comme la lutte entre l'Est et l'Ouest, c'est l'histoire morale du monde occidental. L'arme secrète de la Russie c'est la confusion, le désespoir et la faim dans lesquels vivent des millions d'êtres dont nous soupçonnons à peine l'existence. Les communistes russes sont absolument indifférents au sort de ces gens. Mais notre ignorance et notre irrésolution ont eu pour effet sinon de les livrer aux Russes, du moins de les plonger très profondément dans l'ombre de la Russie ; c'est pourquoi, et nous aurions mauvaise grâce à leur en vouloir, les plus intelligents et les plus opprimés d'entre eux se méfient de nous encore davantage. Notre puissance et notre peur du changement servent de prétexte pour enchaîner ces gens à leur misère et à leur ignorance, et dans la mesure même où ils trouvent leur condition intolérable, nous sommes intolérablement menacés. Car s'ils trouvent leur condition intolérable mais sont trop lourdement oppressés pour la changer, ils ne sont plus que des pions entre les mains des grandes puissances qui dans un tel contexte sont toujours dépourvues de scrupules et lorsque, comme à Cuba, ils finissent par modifier leur situation nous sommes menacés plus que jamais par le vide provoqué par tout violent bouleversement. Nous devrions tout de même avoir appris que c'est une chose que de renverser un dictateur ou de repousser un envahisseur et une tout autre de mener à bien une révolution. A d'innombrables occasions le peuple s'aperçoit qu'il s'est simplement livré pieds et poings liés aux mains d'encore un autre despote qui, puisqu'on a fait appel à lui pour remettre ensemble les débris du pays, n'entend laisser sa place à personne. Les gens étant les énigmes qu'ils sont et manifestant si peu d'enthousiasme à regarder en face les difficultés de la vie, peut-être en sera-t-il toujours ainsi. Mais, au fond de mon cœur, je n'en crois rien. Je pense que les hommes valent mieux que cela et je sais qu'ils sont capables de progrès. Nous sommes capables de supporter un lourd fardeau une fois que nous avons découvert que ce fardeau c'est la réalité et que nous renonçons à chercher l'impossible. Quoi qu'il en soit, ce qui compte ici, c'est que nous vivons à une époque révolutionnaire, que cela nous plaise ou non, et que les États-Unis sont la seule nation occidentale avec à la fois la puissance et, comme j'espère l'indiquer, l'expérience qui permettront peut-être de faire que ces révolutions soient de véritables révolutions et de réduire au minimum les dégâts humains. Toute tentative que nous ferions pour nous opposer à ces explosions d'énergie reviendrait à signer notre arrêt de mort.

Derrière ce que nous nous complaisons à appeler la « menace russe » se trouve ce que nous voudrions ne pas avoir à regarder en face et ce que les Américains blancs ne regardent pas en face lorsque leurs yeux se posent sur un Noir : la réalité — le caractère tragique de la vie. La vie est tragique simplement parce que la terre tourne et que le soleil se lève et se couche inexorablement et parce que le jour viendra pour chacun d'entre nous où le soleil descendra pour la dernière fois. Peut-être l'origine de toutes les difficultés humaines se trouve-t-elle dans notre propension à sacrifier toute la beauté de nos vies, à nous emprisonner au milieu des totems, tabous, croix, sacrifices du sang, clochers, mosquées, races, armées, drapeaux, nations, afin de dénier que la mort existe, ce qui est précisément notre unique certitude. Il me semble à moi que nous devrions nous féliciter de l'existence de la mort — nous décider à gagner notre mort en faisant passionnément face au mystère de la vie. Nous sommes responsables envers la vie. Elle est le petit point lumineux dans toutes ces terrifiantes ténèbres desquelles nous sommes issus et auxquelles nous retournerons. Il nous faut négocier ce passage aussi noblement que nous en sommes capables par égard à ceux qui viendront après nous. Mais les Américains de race blanche ne croient pas à la mort et c'est là pourquoi la couleur de ma peau les intimide tant. Et c'est aussi pourquoi la présence de Noirs dans ce pays est susceptible d'en provoquer la destruction. Les hommes libres se doivent de compter sur et de se réjouir de ce qui est constant. La naissance, la lutte, la mort sont constantes, l'amour aussi, même si nous venons parfois à en douter. Ils se doivent aussi d'assimiler la nature du changement, d'être capables de changer et prêts à le faire. Je parle de changement non pas superficiel mais en profondeur, changement dans le sens de renouveau. Mais tout renouveau devient impossible si nous supposons constantes des choses qui ne le sont pas — la sécurité, par exemple, ou l'argent ou le pouvoir. On se cramponne alors à des chimères qui ne peuvent que décevoir, et tout espoir, toute possibilité de liberté disparaît. Et par destruction j'entends précisément l'abdication par les Américains de tout effort tendant à leur assurer une liberté véritable. Les Noirs peuvent précipiter cette abdication parce que les Blancs n'ont jamais, dans toute leur longue histoire, été capables de voir en eux des semblables. Il n'est pas nécessaire d'insister sur ce point. Cela a été mille fois prouvé par la condition des Noirs dans ce pays et leur lutte indescriptible pour déjouer les stratagèmes dont les Américains de race blanche se sont servis et se servent encore pour leur dénier leur qualité d'homme.

L'Amérique aurait pu faire meilleur usage de l'énergie que les deux groupes ont dépensée dans ce conflit... L'Amérique, entre toutes les nations occidentales, était la mieux placée pour démontrer à quel point est inutile et dépassée cette notion de couleur. Mais elle n'a pas osé profiter de l'occasion ni même voir en cela une occasion. Les Américains de race blanche ont vu en cela une tare et ont jalousé ces nations européennes plus civilisées et plus élégantes dont la sérénité n'était pas troublée par la présence d'hommes noirs sur leurs rives. Cela parce que les Américains ont supposé que les mots Europe et civilisation étaient synonymes — il n'en est rien — et n'ont pas eu confiance en d'autres valeurs et en d'autres sources de vitalité — particulièrement celles issues du sol américain — et se sont efforcés d'agir en toutes circonstances comme si ce qui est l'Est pour l'Europe était aussi l'Est pour eux. Il suit de là que si nous continuons à nous considérer comme une nation de race blanche, qualité à laquelle nous pouvons difficilement prétendre, nous nous condamnons, en même temps que les pays qui y ont un droit légitime, à la stérilité et à la décomposition alors que si nous pouvions nous accepter tels que nous sommes nous pourrions insuffler une nouvelle vie dans les entreprises des pays occidentaux et les transformer. Le prix de cette transformation est la liberté sans conditions du Noir. Ce n'est pas trop dire que d'affirmer que lui qu'on a si longtemps repoussé doit maintenant être accueilli à bras ouverts quels que soient les risques psychiques ou sociaux ainsi encourus. Le Noir est le personnage-clef de son pays, et l'avenir de l'Amérique est précisément aussi prometteur ou aussi sombre que l'est le sien. Et de ceci le

Noir se rend compte, négativement. D'où sa question : Est-ce que je tiens vraiment à être reçu dans une maison qui brûle ? Les Blancs américains ont autant de mal que les Blancs partout ailleurs à renoncer à se dire qu'ils se trouvent être en possession d'une qualité intrinsèque dont les Noirs ont besoin et qu'ils convoitent. L'existence de ce postulat — qui, par exemple, fait dépendre la solution du problème noir de la rapidité avec laquelle les Noirs acceptent et adoptent les valeurs des Blancs — se manifeste de toutes sortes de remarquables façons, depuis la promesse de Bobby Kennedy que d'ici quarante ans on pourra voir un Noir devenir Président des États-Unis jusqu'à ce regrettable ton de chaleureuses félicitations avec lequel tant de progressistes s'adressent à leurs égaux noirs... C'est bien entendu le Noir qui est présumé s'être élevé jusqu'à ce niveau commun, un accomplissement qui non seulement démontre — chose rassurante — que la persévérance n'a pas de couleur mais aussi confirme de façon tout à fait définitive le sens de sa propre valeur qu'a le Blanc. Hélas, cette valeur ne trouve guère d'autres confirmations. Il n'y a certes pas grand-chose dans la vie publique ou privée des Blancs qu'on soit bien tenté d'imiter. Et les Blancs, au fond de leur cœur, le savent. Une grande proportion de l'énergie absorbée par ce que nous appelons le problème noir est donc produite par le profond désir qu'a l'homme blanc de n'être pas jugé par ceux qui ne sont pas blancs, de ne pas être vu tel qu'il est et, simultanément, une grande proportion de l'angoisse des Blancs a ses racines dans le désir également profond de l'homme blanc d'apparaître enfin sous son vrai jour, d'être affranchi de la tyrannie du miroir. Nous savons tous — que nous ayons ou non le courage de l'admettre — que les miroirs ne peuvent que mentir, que la mort par noyade est tout ce qui nous attend là. C'est pour cela que nous recherchons si désespérément l'amour et déployons tant de ruses pour nous y dérober. L'amour arrache les masques sans lesquels nous craignons de ne pas pouvoir vivre et derrière lesquels nous savons que nous sommes incapables de le faire. J'emploie le mot amour ici non pas seulement au sens personnel mais dans celui d'une manière d'être, ou d'un état de grâce, non pas dans l'infantile sens américain d'être rendu heureux mais dans l'austère sens universel de quête, d'audace, de progrès. C'est donc là ma thèse que les tensions raciales qui menacent aujourd'hui les Américains ne peuvent s'expliquer par une profonde antipathie — en fait bien au contraire — et que les couleurs de peau n'y jouent qu'un rôle symbolique. Ces tensions ont leurs racines dans ces mêmes profondeurs d'où jaillissent l'amour, ou le crime. Les craintes et les aspirations personnelles de l'homme blanc — secrètes et pour lui inexprimables — il les projette sur le Noir. Il ne saurait se libérer du pouvoir tyrannique que le Noir exerce sur lui qu'en consentant pratiquement à être noir lui-même, à devenir partie de cette nation dansante et souffrante qu'aujourd'hui il observe pensivement des hauteurs de sa puissance solitaire et que, armé de traveller's chèques spirituels, il visite furtivement une fois la nuit tombée. Comment pourrait-on respecter, sans même parler d'adopter, les valeurs d'un peuple qui à aucun point de vue que ce soit ne vit comme il prétend le faire ou même devoir le faire ? Je me refuse à admettre que le Noir américain devrait avoir souffert pendant quatre siècles pour n'en arriver qu'au présent niveau de la civilisation américaine. Je suis loin d'être convaincu qu'il valait la peine d'échapper au sorcier africain si je dois maintenant, afin de supporter les contradictions morales et l'aridité spirituelle de ma vie, ne plus pouvoir me passer du psychiatre américain. C'est là un échange que je n'accepte pas. La seule chose qu'ont les Blancs dont les Noirs aient besoin ou qu'ils pourraient souhaiter, c'est le pouvoir. Et personne ne reste éternellement au pouvoir. Pris dans leur ensemble les Blancs n'ont pas de leçons à donner dans l'art de vivre. L'homme blanc, au contraire, a sérieusement besoin de nouvelles valeurs qui lui permettront d'échapper à la confusion dans laquelle il se trouve et le replaceront en communion fertile avec son moi profond ; et, je le répète : le prix de la libération des Blancs c'est la libération des Noirs — la libération totale dans les villes, dans les campagnes, devant la loi et dans les esprits. La raison pour laquelle, par exemple, — particulièrement alors que je connais la famille comme je la connais — je voudrais épouser votre sœur est pour moi des plus mystérieuses. Mais votre sœur et moi-même avons tous les droits de nous marier si nous le souhaitons et personne n'a celui de nous en empêcher. Si elle ne parvient pas à m'élever jusqu'à son niveau, peut-être réussira-je à l'élever jusqu'au mien.

Bref, nous autres, les Blancs et les Noirs, avons profondément besoin les uns des autres si nous avons vraiment l'intention de devenir une nation, si nous devons, réellement veux-je dire, devenir nous-mêmes, devenir des hommes et des femmes adultes. Former une nation s'est avéré être une tâche abominablement difficile ; il n'est certes pas nécessaire d'en créer deux. Mais des hommes blancs nantis d'un pouvoir politique beaucoup plus considérable que celui dont dispose le Mouvement de la Nation d'Islam ont plaidé en faveur d'un programme identique en ses effets au sien depuis des générations. Si on respecte un tel sentiment lorsqu'il est exprimé par les lèvres du sénateur Byrd, il n'y a alors aucune raison qu'on ne le respecte pas lorsque ce sont les lèvres de Malcom X. qui l'expriment. Et toute commission parlementaire qui souhaiterait convoquer aux fins d'interrogatoire celui-ci se devrait également de convoquer celui-là. Ils expriment précisément les mêmes sentiments et représentent précisément le même péril. La prétention des Blancs à être mieux préparés à élaborer les lois par lesquelles je serai gouverné est absolument sans fondement. Je ne saurais accepter de n'avoir point voix au chapitre des affaires politiques de mon pays. Je ne suis pas sous la tutelle des États-Unis. Je suis un des premiers Américains à être arrivés sur ces rives. Le passé du Noir, ce passé de corde, de feu, de torture, de castration, d'infanticide, de viol ; de mort et d'humiliation ; de peur, jour et nuit ; de peur qui le pénètre jusqu'à la moelle des os ; de doute qu'il soit digne de vivre puisque tous ceux qui l'entourent affirment le contraire ; de chagrin pour ses femmes, ses parents, ses enfants qui avaient besoin de sa protection et qu'il ne pouvait protéger ; de rage, de haine et de crime, de haine pour les hommes blancs, si violente que souvent elle rejaillissait sur lui et rendait tout amour, toute confiance, toute joie impossibles — ce passé, ce combat sans fin pour acquérir, révéler, confirmer une identité d'homme, une autorité d'homme, a en lui pourtant, au milieu de tant d'horreurs, quelque chose de très beau. Mon intention n'est pas de m'attendrir sur la souffrance — certes point trop n'en faut — mais ceux qui ne peuvent pas souffrir ne peuvent pas non plus mûrir, ne peuvent jamais découvrir qui ils sont vraiment. Celui-là qui, chaque jour, est obligé d'arracher par fragments sa personnalité, son individualité, aux flammes dévorantes de la cruauté humaine sait, s'il survit à cette épreuve, et même s'il n'y survit pas, quelque chose quant à lui-même et quant à la vie, qu'aucune école sur terre et qu'aucune église non plus ne sauraient enseigner. L'autorité qu'il acquiert il ne la doit qu'à lui-même et celle-là est inébranlable. Et cela parce que s'il veut subsister il lui faut voir au-delà des apparences, ne rien considérer comme acquis, deviner le sens derrière les mots. Quelqu'un qui continuellement survit à ce que la vie peut apporter de pire cesse éventuellement d'être dominé par la peur de ce que la vie peut apporter. Ce qu'elle apporte, on le supporte. Et à ce degré on finit par savourer sa propre amertume et la haine devient un fardeau trop lourd à traîner. La notion de la vie que je viens d'esquisser si brièvement et si inadéquatement est celle qu'ont pu acquérir des générations de Noirs et elle permet de mieux comprendre comment ils ont résisté et comment ils sont parvenus à mettre au monde des enfants qui, à l'âge où les autres vont à la maternelle, se frayent un passage à travers des foules hurlantes pour entrer à l'école.

Il faut beaucoup de force et beaucoup de ruse pour monter constamment à l'assaut de la puissante et hautaine forteresse de la primauté blanche, comme les Noirs de ce pays le font depuis si longtemps. Il faut beaucoup de souplesse spirituelle pour ne pas haïr celui qui vous hait et dont le pied écrase votre nuque, et ne pas apprendre à vos enfants à le haïr exige une sensibilité et une charité encore plus miraculeuses. Les petits garçons et les petites filles noirs qui aujourd'hui font face à ces foules hurlantes proviennent d'une longue lignée de paradoxaux aristocrates — les seuls véritables aristocrates que ce pays ait produits. Je dis ce pays parce que leur optique était absolument américaine. C'est de la montagne de la suprématie blanche qu'ils ont à coups de pic détaché la pierre de leur personnalité. J'ai le plus grand respect pour cette humble armée d'hommes et de femmes noirs qui piétinait devant d'innombrables portes de service, disant « oui, Monsieur » et « non, Madame » afin d'acquérir un nouveau toit pour l'école, de nouveaux livres, un nouveau laboratoire de chimie, d'autres lits pour les dortoirs, d'autres dortoirs. Cela ne leur plaisait guère de dire « oui, Monsieur » et « non, Madame », mais le pays ne manifestait aucune hâte à éduquer ses Noirs, et ces hommes et ces femmes savaient qu'il fallait que cette besogne-là soit faite et ils mirent leur amour-propre dans leur poche afin de l'accomplir. Il est bien difficile de croire qu'ils étaient en quoi que ce fût inférieurs aux Blancs qui ouvraient ces portes de service. Il est bien difficile de croire que ces hommes et ces femmes élevant leurs enfants, mangeant, jurant, pleurant, chantant, s'aimant du lever du soleil au coucher du soleil, valaient en aucune façon moins que ces Blancs qui se faufilaient jusqu'à eux pour partager ces splendeurs une fois la nuit tombée. Mais il importe que nous évitions de tomber dans l'erreur européenne. Il ne faut pas que nous nous imaginions que, parce que la condition, les mœurs, la sensibilité des gens de race noire étaient si radicalement différentes de celles des Blancs, ils leur étaient racialement supérieurs. Je suis fier de ces gens non pas à cause de leur couleur mais à cause de leur intelligence, de leur force spirituelle et de leur beauté. La nation devrait partager cette fierté mais, hélas, rares sont ceux dans cette nation qui savent même qu'ils existent. Et cette ignorance s'explique par le fait que connaître le rôle que ces gens ont joué et jouent dans la vie américaine en apprendrait plus aux

Américains sur leur propre pays qu'ils ne souhaitent en savoir.

Le Noir américain a le grand avantage de n'avoir jamais ajouté foi en la collection de mythes auxquels se cramponnent les Américains blancs : que leurs ancêtres étaient tous des héros et des martyrs de la liberté, qu'ils sont nés dans le plus grand pays du monde, que les Américains sont invincibles en temps de guerre et infaillibles en temps de paix, qu'ils ont traité honorablement les Mexicains, les Indiens et tous leurs autres voisins ou inférieurs, que les hommes américains sont les plus virils et les plus droits du monde, que les femmes américaines sont pures. Les Noirs en savent bien plus long que ça sur les Américains blancs ; on pourrait presque dire, en fait, qu'ils savent des Blancs américains ce que les parents — les mères en tout cas — savent de leurs enfants et que très souvent c'est de ce point de vue qu'ils les voient. Et c'est peut-être ce point de vue, qu'ils conservent en dépit de tout ce qu'ils savent et ont supporté, qui aide à comprendre pourquoi les Noirs, en général et jusque récemment, ne se sont que si rarement laissé aller à haïr... La tendance a vraiment été de considérer les Blancs, dans toute la mesure du possible, comme les victimes un peu dérangées de leur propre lavage de cerveau. On observait le genre de vie qu'ils menaient. Il n'y avait pas à se tromper là-dessus. On observait les choses qu'ils faisaient et les excuses qu'ils se trouvaient, et si un Blanc avait vraiment des ennuis, des ennuis graves, c'est à la porte du Noir qu'il venait frapper. Et on se disait que si on avait eu les avantages matériels du Blanc jamais on n'aurait fini aussi ahuri, aussi morose et aussi futilement cruel que lui. Le Noir venait demander au Blanc un toit, cinq dollars ou une lettre au juge. C'est de l'amour que le Blanc venait demander au Noir. Mais c'est rarement qu'il était capable de donner ce qu'il était venu chercher. Le prix était trop élevé. Il avait trop à perdre. Et le Noir savait cela, aussi. Lorsqu'on sait cela d'un homme, il vous est impossible de le haïr mais, à moins qu'il ne devienne un homme, votre égal, il vous est également impossible de l'aimer. Finalement on s'efforce de l'éviter, car la caractéristique universelle des enfants c'est de croire qu'eux seuls ont des malheurs et donc qu'eux seuls ont des droits sur vous. Demandez à n'importe quel Noir ce qu'il a appris au sujet des Blancs avec qui il travaille. Puis demandez aux Blancs avec qui il travaille ce qu'ils savent de lui.

A quoi peut servir le passé des Noirs américains ? Il n'est pas du tout impossible que ce passé d'humiliations se dresse bientôt pour nous écraser tous. Il y a certaines guerres, par exemple, s'il reste quelqu'un dans le monde d'assez fou pour déclencher une guerre, auxquelles les Noirs américains refuseront de participer quel que soit le nombre d'entre eux à subir des contraintes, et il y a une limite au nombre de personnes qu'un gouvernement quel qu'il soit peut jeter en prison et une limite extrêmement rigide à la praticabilité d'une telle mesure. Une facture va nous être présentée que, je le crains, le peuple américain n'est pas disposé à payer. Le problème du xxe siècle, écrivit W.E.B. Du Bois il y a une soixantaine d'années, est celui des relations entre Blancs et Noirs. Un problème effrayant et délicat qui compromet, lorsqu'il ne corrompt pas, tous les efforts américains pour bâtir un monde meilleur ici, là ou n'importe où. C'est pourquoi il faut reconsidérer dès maintenant tout ce que les Blancs américains pensent être leur credo.

Il serait lamentable de voir encore une fois les peuples se former en blocs sur la base de leur couleur. Mais aussi longtemps que nous autres, à l'Ouest, donnons à cette question l'importance que nous lui donnons, nous rendons impossible à tous les déshérités du monde de s'unir selon aucun autre principe. Humainement, personnellement la couleur n'existe pas. Politiquement elle existe. Mais c'est là une distinction si subtile que l'Ouest n'a pas encore été capable de la faire. Et au centre de ce terrible orage, de cette vaste confusion se trouvent les

Noirs de ce pays à qui il faut maintenant partager le sort d'une nation qui ne les a jamais acceptés et dans laquelle ils furent amenés couverts de chaînes. Eh bien, s'il en est ainsi il ne nous reste qu'à faire tout ce qui est en notre pouvoir pour changer ce destin et quels que soient les risques à encourir : l'expulsion, l'emprisonnement, la torture, la mort. Pour l'amour de nos enfants, afin que la facture qu'eux auront à payer soit aussi petite que possible, nous devons prendre bien soin de ne nous réfugier dans aucun faux-fuyant. Et donner de l'importance à la couleur d'une peau est toujours, partout et à jamais un faux-fuyant. Je sais que je demande l'impossible, mais à notre époque comme à toutes les autres l'impossible est le moins que l'on puisse exiger. Nous sommes, après tout, encouragés à le faire quand nous considérons l'histoire de l'humanité en général et celle du Noir américain en particulier, car elle témoigne de rien moins que de la réalisation perpétuelle de l'impossible.

Lorsque j'étais très jeune et que je traînais avec mes copains dans ces entrées d'immeubles tachées de vin et d'urine, quelque chose en moi se demandait : *Qu'adviendra-t-il de toute cette beauté ?* Car les Noirs, même si certains d'entre nous, Noirs et Blancs, ne le savent pas encore, sont très beaux. Et lorsque, assis à la table d'Elijah, je regardais ce bébé, ces femmes, ces hommes tandis que nous parlions de la vengeance de Dieu — ou d'Allah, — je me demandais : « Et quand cette vengeance sera consommée, *qu'adviendra-t-il alors de toute cette beauté?* » Je sentais également que l'intransigeance et l'ignorance du monde blanc rendraient peut-être inévitable cette vengeance — une vengeance qui au fond n'appartient à, et ne saurait être consommée par aucune personne ou organisation et qu'aucune police et aucune armée ne sauraient prévenir : une vengeance historique, cosmique, fondée sur la loi que nous reconnaissons lorsque nous disons : « Tout ce qui s'élève doit redescendre. »

Et nous voilà, au milieu de la courbe, pris au piège dans le plus voyant, le plus coûteux, le plus invraisemblable toboggan que le monde ait jamais connu. Il nous faut agir maintenant comme si tout dépendait de nous — faire autrement serait un crime. Si nous nous montrons dignes — et par nous j'entends les Blancs relativement conscients et les Noirs relativement conscients qui devons, tels des amants, faire pression sur ou créer la conscience des autres — peut-être la poignée que nous sommes pourra-t-elle mettre fin au cauchemar racial, faire de notre pays un vrai pays et changer le cours de l'histoire. Si nous n'avons pas, et dès aujourd'hui, toutes les audaces, l'accomplissement de cette prophétie, reprise de la Bible dans une chanson écrite par un esclave, est sur nos têtes :

Et Dieu dit à Noé,
Vois l'arc en le ciel bleu
L'eau ne tombera plus
Il me reste le feu...

DU MÊME AUTEUR

Aux Éditions Gallimard

LA PROCHAINE FOIS, LE FEU, 1963 (Folio nº 2855)

PERSONNE NE SAIT SON NOM, 1963

UN AUTRE PAYS, 1964 (Folio nº 2644)

FACE À L'HOMME BLANC, 1968 (Folio nº 2854)

L'HOMME QUI MEURT, 1970

CHRONIQUES D'UN PAYS NATAL, 1973

LE COIN DES « AMEN », 1983

Chez d'autres éditeurs

JIMMY'S BLUES, 1985, *Actes Sud*

SI BEALE STREET POUVAIT PARLER, 1997, *Stock*

LA CHAMBRE DE GIOVANNI, 1998, *Rivages*

HARLEM QUARTET, 2003, *Stock*

LA CONVERSION, 2004, *Rivages*

NOUS, LES NÈGRES. ENTRETIENS AVEC KENNETH B. CLARK, avec Malcolm X et Martin Luther King, 2006, *La Découverte*

LE JOUR OÙ J'ÉTAIS PERDU. LA VIE DE MALCOLM X : UN SCÉNARIO, 2013, *Syllepse*

CHASSÉS DE LA LUMIÈRE : 1967 – 1971, 2015, *Ypsilon éditeur*

RETOUR DANS L'ŒIL DU CYCLONE, 2015, *Christian Bourgois*

I AM NOT YOUR NEGRO, avec Raoul Peck, 2017, *Robert Laffont*

LE DIABLE TROUVE À FAIRE, 2018, *Capricci Éditions*

Composition Nord Compo
Impression Novoprint
à Barcelone, le 10 novembre 2020
Dépôt légal : novembre 2020
1er dépôt légal dans la collection : février 2018

ISBN 978-2-07-278620-4./Imprimé en Espagne.

377937